종교개혁자들과의 대화 Vol. 6
종교개혁과 정치

종교개혁자들과의 대화 Vol. 6
종교개혁과 정치

초판 1쇄 인쇄 2016년 12월 23일
초판 3쇄 발행 2020년 11월 5일

지은이 이재근
펴낸이 유동휘
펴낸곳 SFC출판부
등록 제104-95-65000
주소 (06593) 서울특별시 서초구 고무래로 10-5 2층 SFC출판부
Tel (02)596-8493
Fax 0505-300-5437
홈페이지 www.sfcbooks.com
이메일 sfcbooks@sfcbooks.com
기획·편집 편집부
디자인편집 이새봄 최건호
ISBN 979-11-87942-04-7 (04230)
값 7,000원

잘못 만들어진 책은 언제든지 교환해 드립니다.

종교개혁자들과의 대화 Vol. 6
종교개혁과 정치

이재근 지음

이 소책자는 서울영동교회의 후원으로 만들어졌습니다.

시리즈 서문

500년 전 1517년에 하나님께서는 루터와 같은 말씀의 종들을 세우셔서 거짓되고 부패한 교회를 순수한 말씀을 통해 새롭게 하셨습니다. 이 뜻깊은 해를 맞이하여 우리는 종교개혁의 정신을 정확하게 이해하고, 그것을 바탕으로 오늘의 우리를 성찰하며, 다음 세대에게 그 정신을 잘 전수할 수 있기를 간절히 기대하고 있습니다. 종교개혁이 무엇이었는가에 대한 논의는 지금까지 숱하게 이루어져 왔고 앞으로도 계속해서 연구될 겁니다. 고신레포Refo500 준비위원회는 "오직 말씀 위에 교회를!"(The Church on the Word Alone!)이라는 슬로건 하에 '성경'과 '교리'와 '역사'라는 세 가지 큰 영역을 중점적으로 살피면서 변화와 갱신의 운동인 종교개혁을 주목했습니다.

고신레포Refo500 준비위원회는 다양한 사업들 중 핵심 사업으로 『종교개혁자들과의 대화』 시리즈를 기획했습니다. 이 시리즈는 총 12권의 소책자로 구성되었는데, 종교개혁이 일으킨 변화를 예배로부터 시작하여, 교회, 역사, 교육, 가정, 정치, 경제, 문화, 학문, 교리, 과학, 선교까지 모두 12가지 영역을 다룹니다. 이 시리즈를 펴내는 이유는 먼저 종교개혁이 당시 로마교회의 미신적인 몇몇 행태를 개혁한 것이 아니라, 유럽 사회 전체를 변혁한 총체적인 개혁이었다는 것을 드러내기 위함입니다. 그리고 여기서 더 나아가 종교개혁이 당시 유럽사회를 구체적으로 어떻게 변화시켰는지 파악하고, 다음으로 이런 총체적인 개혁이 오늘날 우리에게 어떻게 적용될 수 있는지를 찾아가기 위함입니다.

종교개혁은 유럽 사회 전체와 모든 영역을 개혁한 전무후무한 말씀운동이었습니다. 그러므로 우리 스스로 종교개혁의 의의를 교회 내의 활동으로 국한시키는 어리석음을 범하지 말아야 합니다. 현대 기성 기독교인들은 물론 자라나는 기독 청소년들을 위해서도 이런 작업은 꼭 필요합니다. 우리 기독 청소년들이 교회에서 말씀을 잘 깨닫고, 그래서 사회의 어떤 영역으로 나가더라도 그 말씀을 가지고 개혁의 일꾼으로 살아갈 수 있어야 하기 때문입니다. 이 시리즈가 종교개혁이 우리 시대에 살아있는 역사로 자리매김하는 일에 조금이나마 도움이 되기를 바랍니다. 이 시리즈를 집필하느라 수고한 집필진들과 후원해준 교인들과 교회들, 그리고 출판을 책임져준 SFC출판부에게 진심으로 감사의 말씀을 전합니다.

2016년 12월

고신레포Refo500 준비위원회

목차

시리즈 서문	5
들어가면서	11
제1장 16세기 종교개혁의 탄생과 전개 과정의 정치사회적 배경	23
1) 종교개혁의 개념	23
2) 종교개혁 전야 서유럽의 정치 및 사회 상황	29

제2장 각 종교개혁 전통의 정치관 — 49
  1) 종교개혁 4대 전통의 탄생사 요약 — 50
  2) 각 전통별 정치관 — 60

나가면서 — 111
  『웨스트민스터신앙고백서』
  제23장 '위정자에 대하여'

참고문헌 — 119

Re
form
ed

들어가면서

종교개혁은 아주 복잡한 사건이기 때문에 이 사건과 정치를 연결하는 글을 쓰는 일은 어려운 작업입니다. 종교개혁은 기본적으로 16세기 유럽에서 종교를 중심으로 일어난 사건이자 개혁 운동이지만, 단지 종교 내부에서 일어나 신자들에게만 영향을 끼친 사건이 아닙니다. 만약에 종교, 특히 기독교 내부에서만 일어나고 발전한 사건이라면, 『종교개혁과 정치』라는 제목의 책을 쓸 필요조차 없었을 겁니다. 이런 제목의 책을 쓸 수 있는 이유는 그만큼 종교개혁이 종교에서만이 아니라, 정치에도 상당한 영향을 끼쳤거나 정치로부터 영향을 받았기 때문입니다.

물론 종교개혁이 영향을 주고받은 영역은 비단 정치만이

아닙니다. 지금 이 책은 대한예수교장로회 고신총회의 종교개혁 500주년 기념사업회(고신 REFO 500)에서 '종교개혁자들과의 대화'라는 주제 아래 소책자 시리즈로 펴낸 12권 책 중 한 권입니다. 12권의 책은 모두 '종교개혁과 ○○'라는 제목으로 간행되었는데, 이는 종교개혁을 공통분모로 놓고, 이 사건이 각각 역사, 교리, 예배, 교회, 가정, 정치, 경제, 교육, 학문, 문화, 과학, 선교 영역과 어떤 영향을 주고받았는지를 다룹니다. 여기서 일반적으로 '종교'라는 영역에 속하는 교리, 예배, 교회, 선교를 제외하고, 나머지 여덟 가지 주제는 종교개혁과는 별 상관이 없는 것으로 생각하기 쉽습니다. 그러나 사실 앞에서 종교개혁과 정치가 관계가 있다고 말한 것처럼, 역사, 가정, 경제, 교육, 학문, 문화, 과학 역시 종교개혁이 일어나는 원인인 동시에 결과였습니다. 뿐만 아니라 이런 영역들에서 수 세대에 걸쳐 발전하고 확장된 결과 맺힌 열매에는 종교개혁의 영향과 유산이 풍성했습니다. 그러니까 이런 모든 주제(또는 영역)들은 종교개혁의 원인이 되기도 했고, 동시에 그 결과이기도 했던 겁니다. 물론 이 외에도 이런 주제들은 무한대로 늘어날 수 있습니다. 예컨대 종교개혁과 여성, 종교개혁과 신분, 종교개혁과 예술, 종교개혁과 전쟁, 종교개혁과 출판 등 열두 가지 주제가 다루지 못한 무수한 주제들이 있는 것은 물론, 기존의 주제 안에서도 보다 세부적으로 분류된 소주제들도 무궁무진하게 다룰 수 있습니다. 때문에 여기서 다루는 주제가 너무 산만하거나 혹은 너무 대략적이지 않도록 소책자 집필위원회에서 주제를 열두 가지로, 적당하면서도 지혜롭게 배치하고 제한한 겁니다.

다시 말하지만 종교개혁은 정치, 문화, 경제, 종교가 복잡하게 얽혀 있는 16세기 서유럽이라는 사회에서 탄생했습니다. 종교개혁은 정치인과 관원들을 떠나서 오직 신앙에만 집중하는 공동체를 만들기 위해 산과 사막과 들판으로 나간 사건이 아닙니다. 돈과 시장과 산업과 경제의 중심지인 도시를 떠난 것도 아닙니다. 오히려 이 사건은 철저하게 16세기 서유럽의 배경에 뿌리를 두고 있습니다. 따라서 이 사건을 제대로 이해하기 위해서는 16세기 서유럽, 즉 당시의 독일과 스위스, 잉글랜드, 스코틀랜드, 프랑스와 네덜란드로 가야만 합니다. 거기서 그 시대의 사람들이 고민하고 이해했던 기독교 신앙과 삶, 세계와 사상이 어땠는지를 관찰해야 합니다. 그렇기 때문에 종교개혁에 대한 글을 쓰는 일은 결코 쉬운 일이 아닙니다.

종교개혁을 다루는 것도 쉽지 않은데, 그와 관련해 '정치'

를 다루는 일은 더 어렵습니다. 정치는 대개 정치활동을 직업으로 삼는 전문적인 정치인이 정부나 시청, 군청, 혹은 국회에서 하는 활동으로 인식됩니다. 국어사전에는 정치에 대한 의미가 아주 단순하게 제시됩니다. 예컨대 표준국어대사전은 정치를 "나라를 다스리는 일. 국가의 권력을 획득하고 유지하며 행사하는 활동으로, 국민들이 인간다운 삶을 영위하게 하고 상호간의 이해를 조정하며, 사회 질서를 바로잡는 따위의 역할을 한다."라고 정의합니다(국립국어원 표준국어대사전 '정치' 항목: http://stdweb2.korean.go.kr).

그러나 이 정의는 아주 좁은 정의입니다. 정치를 권력을 획득하고자 하거나 획득한 어떤 사람, 즉 정치라는 전문 영역에 종사하는 이들이 국가와 국민을 통치하고 다스리는 일로만 규정하는 겁니다. 이 정의에 따르면, 정치는 아주 소수의 전문가들이, 무엇보다 정치하도록 권력을 부여받은 소수의 사람들이 절대 다수의 일반 국민을 다스리는 활동이 됩니다. 그럴 경우 일반 국민은 정치에 주체적으로 참여하는 당사자가 아니라 정치를 받는 수동적인 객체로 전락합니다.

그러나 오늘날 정치를 이런 식으로 정의하는 사람은 거의 없습니다. 백과사전에서도 국어사전과는 달리 정치를 훨씬 광범위하게 정의합니다. 사전마다 다양하지만, 누구나 공감할 만한 견해를 뽑자면, 정치는 '통치와 지배, 이에 대한 복종·협력·저항 등의 사회적 활동의 총칭'입니다(두산백과사전 '정치' 항목: http://www.doopedia.co.kr). 그리고 이 통치, 지배의 상호 관계에는 위에 있는 국가가 아래에 있는 국민을 통치하는 행위뿐 아니라, 아래로부터의 저항, 즉 국민이 국가에 저항하고 반대하는 행위도 포함됩니다. 이런 설명에는 국가가 정치의 주체이고, 국민은 객체라는 이분법이 없습니다. 또한 "'통치와 지배, 이에 대한 복종·협력·저항 등의 사회적 활동의 총칭'만으로 한정되는 인간 활동뿐만 아니라, 모든 인간생활의 여러형태, 이를테면 회사·노동조합·교회·학교·가정 등 어디에서나 발생되는 이해관계의 대립이나 의견의 차이를 조정해 나가는 통제의 작용도 모두 포함한다"라는 정의를 보면, 정치의 영역이 국가와 국민과의 관계에만 제한되지 않고, 회사, 노조, 교회, 학교, 가정 등에서도 정치행위가 일어나는 것을 알 수 있습니다.

결국 이런 정의와 해설에 따르면, 인간 삶에서 일어나는 모든 상호관계가 모두 정치적 의미를 지닙니다. 그리고 정치는 이런 상호관계에서 일어나는 갈등과 저항, 통제, 조정, 타협과 관련된 모든 행위입니다. 즉 정치는 이 세상에서 인간이 경험하고 행하는 거의 모든 관계와 행위 안에 존재합니다. 한마디로 인간은 정치적 존재이며, 따라서 우리의 행동은 모두 일종의 정치적 행위인 겁니다.

그러니 이렇게 다면적인 종교개혁과 이렇게 복잡한 정치를 관련지어 설명하려는 시도가 얼마나 어려운 일일까요? 때문에 실제로 오늘날 정치신학, 공공신학, 또는 기독교 사회윤리라는 학문분과가 신학 안에서 독립된 분과로 존재합니다. 그리고 이 분과에서 연구하는 학자들은 단지 신학뿐만 아니라, 정치학, 사회학, 경제학, 역사학, 문학, 인류학, 철학, 미학 등 다양한 인문학에서 종합적인 지식을 쌓기 위해 노력합니다. 왜냐하면 기독교와 정치의 관계는 시대마다, 지역마다, 종파마다, 사람마다 달랐고, 앞으로도 계속 다를 수밖에 없기 때문입니다. 또한 이런 주제를 편파적이지 않고 객관적으로 다루려면 각 분야의 전문지식이 모두 활용되어야 하기 때문입니다.

그러나 작은 소책자에 이토록 방대한 정보와 해석을 다 담을 수는 없습니다. 또한 이 책은 청소년과 청년을 주 독자로 한다는 보다 분명한 목표가 있기 때문에, 편하고 쉽게 읽혀야 합니다. 따라서 이 책에서는 종교개혁과 정치의 관계에 대한 다채롭고 복잡한 논의 중에서, 가장 기초가 되는 핵심 논의 몇 가지만을 다루고자 합니다.

가장 먼저 다룰 것은 종교개혁의 정치사회적 배경입니다. 종교개혁은 진공 상태에서 일어난 사건이 아닙니다. 즉 어느 날 갑자기 하늘에서 뚝 떨어진 사건이 아니라는 말입니다. 이미 말했듯이, 종교개혁은 16세기 서유럽이라는 고유하고 독특한 배경에서 태어나고 자라났습니다. 16세기가 아니라면, 서유럽이 아니라면, 중세 로마교회가 아니라면, 마르틴 루터와 울리히 츠빙글리와 존 칼빈이 아니라면 아예 일어나지 않았거나, 일어났다고 하더라도 완전히 다르게 전개될 수 있었을 겁니다. 이 모든 요소들 중 어느 하나라도 없어서는 안 됩니다.

따라서 왜 "하필 16세기였나? 왜 하필 서유럽이었나?"라고 물어야 합니다. 이것이 종교개혁의 역사적 배경입니다. 16세기 종교개혁은 '기독교세계'(Christendom)라는 16세기 서유럽의 독특한 사회구조에서 일어난 정치, 경제, 사회, 문화, 종교의 종합적 개혁이었다는 것이, 이 질문에 대한 대답이자 이 책을 이끌어가는 논지입니다. 313년에 로마제국의 콘스탄티누스 황제가 기독교를 더 이상 박해할 종교가 아니라 믿어도 되는 종교로 공식 인정('공인')하면서, 기독교는 정부와 적대하거나 분리된 종교가 아니라, 정부와 공존하거나 협력하는 종교가 되었습니다. 특히 392년에 테오

도시우스 황제가 기독교를 국교로 선언한 이후에는 기독교는 이제 핍박받는 종교에서 특권을 가진 종교로 바뀌어, 모든 시민이 출세하거나 성공하기 위해서는 반드시 믿어야(혹은 믿는 척이라도 해야) 하는 종교가 되었습니다. 이 시기 이후의 서유럽 사회를 기독교세계(Christendom)라고 부릅니다. 16세기 종교개혁은 이런 기독교세계라는 구조에서 일어난 운동이므로, 종교개혁과 정치를 이야기할 때에도 반드시 이 배경을 이해하면서 논의를 전개해야 합니다.

이렇게 16세기 종교개혁의 배경을 다룬 후에는 종교개혁 시대에 탄생한 여러 전통들의 배경을 정치와 신학을 중심으로 다루려고 합니다. 종교개혁이 그저 로마교회에 대항하는 개신교회 하나를 탄생시킨 것은 아닙니다. 이 시대에 로마교회에 '저항하는 이들'이라는 의미에서 '프로테스탄트'(Protestants)라 불리는 이들이 생겨났습니다. 한국에서는 '옛 교회'라는 의미에서 로마교회를 '구교'라 부르고, 이 교회에 속한 이들은 '구교도'라 지칭합니다. 이 표현이 이해가 쉽기는 하지만, 종교개혁이 발생한 서양에서 공식적으로 사용하는 표현법은 아닙니다. 우리가 '신교도' 혹은 '개신교도'라 부르는 이들을 영어로 쓸 때면 '저항하는 사람들'이라는 의미의 'Protestants'라고 씁니다. 그러나 로마교회가 그 교회 안에 다양한 견해가 존재함에도 불구하고 제도적으로는 하나의 교회로 존속한 것과는 달리, 16세기 프로테스탄트들은 자신들이 믿는 바에 따라 다양한 전통으로 분화되었습니다. 이런 전통들이 바로 오늘날 우리가 교파(denominations 또는 churches)라 부르는 다양한 개신교 교단들입니다. 이런 교파들은 개신교 종교개혁 이후 지난 500년간 수를 셀 수 없을 만큼 다양하게 나눠졌기 때문에, 실제로 현재 전 세계에 얼마나 많은 교파가 있는지는 아무도 알 수 없습니다.

16세기 종교개혁 초기부터 전통별로 다양한 분화가 일어났는데, 이를 크게 네 집단으로 분류할 수 있습니다. 이 중 루터(Luther)를 따르는 이들을 루터파(Lutheran), 츠빙글리(Ulrich Zwingli)와 칼빈(John Calvin)의 가르침을 따르는 이들을 개혁파(Reformed)라 부릅니다. 그리고 잉글랜드는 유럽대륙과는 달리 종교개혁의 주도권이 신학자나 목회자가 아니라 왕에게 있었기에, 국왕이 교회의 머리(수장)가 되는 독특한 종교개혁을 이루었습니다. 그래서 이 나라의 국교를 잉글랜드국교회라 부릅니다. 한국에서는 이 교단을 성공회(Anglican)라고 합니다. 마지막으로 원래는 츠빙글리가 이끈 스위스 취리히 개혁파에 속했다가, 유아세례를 반대하며 신앙을 자기 입으로 고백할 수 있는 이들만이 다시 세례받는 신자들만의 교회를 형성해야 한다고 주장한 이들이 재세례파(Anabaptist)입니다.

이렇게 크게 네 전통이 탄생했는데, '정치'라는 주제로 이 집단들을 나눌 때는 크게 둘로 분류할 수 있습니다. 소위 '기독교세계' 체제를 거부하면서 종교와 정치는 반드시 분리되어야 한다고 주장한 이들의 종교개혁을 '비-관원 협력형 종교개혁'(non-magisterial Reformation)이라고 하는데, 이들의 입장이 당시로서는 과격해 보였기에 '급진적 종교개혁'(radical Reformation)이라고도 부릅니다. 그러나 이렇게 주장한 이들은 극소수였습니다. 종교개혁자와 개신교 신자들 대부분은 자신들이 속한 사회를 통치하는 정치가나 관원들과의 협력을 통해, 교회와 기독교 신앙뿐만 아니라 그들이 속한 사회 전반을 개혁해야 한다는 데 동의했습니다. 이 입장이 주류를 차지한 '관원 협력형 종교개혁' (magisterial Reformation)입니다. 당연히 이 전통에 속한 종교개혁자들은 개혁이 일어난 각 지역에서 그 지역의 왕, 제후, 대공, 시장, 의원들, 즉 관원들과 함께 손을 잡고 종교개혁을 추진했기에, 나중에 그 지역 통치자의 정치적이고 법적인 공표와 선언을 통해 각각 루터교, 개혁교(장로교),

성공회 등이 국교가 되는 지역이 탄생했습니다.

제2장은 각 전통이 특정 지역에서 특정 지도자들을 통해 뿌리를 내리고 최종적으로 국교로 수용되는 과정을 설명하겠습니다. 이 과정에서 각 전통의 정치신학이 탄생했습니다. 이런 다양한 정치신학이 탄생된 이유는 성경에 나온 정치관련 구절들에 대해 종교개혁자들이 신학적으로 서로 다른 해석을 내렸기 때문입니다. 그러나 그 전통이 탄생하고 성장한 지역의 사회문화적 상황이나 배경도 이런 정치관 형성에 큰 영향을 끼쳤습니다. 이런 정치신학에는 인권, 관용, 종교 선택의 자유 등에 대한 논의도 들어있습니다.

이어서 결론으로 16세기 이래 개신교 전통을 가진 서양 국가에서 성장한 정치사상이 한국과는 어떤 관계가 있으며, 우리에게는 어떻게 적용될 수 있는지를 아주 간략하게 다루겠습니다. 사실상 이 부분이 가장 어렵습니다. 이론을 다루는 것도 어렵지만, 특정 시대의 특정 지역, 즉 16세기 서유럽이라는 특수 상황에서 탄생한 기독교 정치이론을 시대와 문화와 배경이 전혀 다른 21세기 한국에서 적용하는 것은 더 어렵기 때문입니다. 특히 종교개혁의 정치관이 교파별로 다양하기 때문에, 이 중 어떤 것이 우리의 상황과 잘 맞는지 분별하는 것도 쉽지 않습니다. 따라서 이 내용은 역사에서 다양하게 주장된 정치관을 이해하고 적용하는 공통의 원리를 제시하는 것일 뿐이지, 단일하고 확고부동한 결론과 방법을 주장하는 것이 아님을 유념할 필요가 있습니다. 여기서 장로교회의 표준문서인 『웨스트민스터 신앙고백』에 나오는 내용도 소개하겠습니다.

마지막으로 언급할 내용이 있습니다. 이 책은 열두 명의 다른 저자가 쓴 열두 권으로 구성된 종교개혁 시리즈 중의 한 권입니다. 그러므로 정치를 중점으로 다루는 이 책을 다른 열한 권과 함께 읽으면 이 책이 다루지 못한 주제들에 대한 지식도 함께 얻는 유익이 있을 겁니다. 그러나 정치라는 주제에 관심이 있어서든, 혹 다른 이유에서든 열두 권 중 이 책만 선별해서 읽을 독자들을 위해서, 이 책 한 권만 읽어도 종교개혁 역사의 전반적인 흐름을 대략 이해할 수 있도록 종교개혁의 배경 설명에 넉넉히 분량을 할애했습니다. 물론 이 배경설명은 정치라는 특별한 주제를 다루기 위한 서론이라고 생각하면 좋을 겁니다.

--- 제1장

16세기 종교개혁의 탄생과 전개 과정의 정치사회적 배경

1) '종교개혁'의 개념: '종교'의 범위를 넘어선 전 사회적 혁신

종교개혁에 대한 정의를 내리기 위해서는 이 사건에 대한 영어와 한글 표현을 먼저 살펴봐야 합니다. 이 용어가 어떤 단어들로 구성되었는지를 보면 그것의 개념과 의미를 알 수 있고, 그것이 강조하는 것이 무엇인지도 알 수 있고, 그 차이의 배경과 의미도 알 수 있습니다.

'종교개혁'이라는 용어의 영어 표현은 'The Reformation'입니다. 먼저 영어 표현에서 주목해야 할 특징은 영어 단어에 정관사 'The'가 포함되어 있다는 겁니다. 영어 문법에서 정관사 'The'는 하나밖에 없는 특정 사건이나 개체, 존재를 표현하는 데 주로 사용됩니다. 그러니까 역사 속에 각각의 '개혁'(a reform, 또는 reformation)이 많이 있었는데, 그중에서 16세기 서유럽에서 일어난 바로 '그' 개혁이 특별히 중요하게 취급될 만한 의미가 있기 때문에, 정관사 'The'가 붙은 겁니다. 같은 이유로 이 개혁이 서양역사에서 가장 거대하고 영향력이 컸던 개혁이었기 때문에, 개혁을 의미하는 단어 'Reformation'에 소문자 'r'이 아니라 대문자 'R'이 사용된 겁니다. 즉 정관사와 대문자를 사용함으로써 이 개혁이 아주 거대하고 중요한 의미가 있는 사건이자 고유한 사건임을 명시하고자 했던 겁니다. 물론 'Reform'과 'Reformation'이 영어사전에서는 의미의 차이가 없지만, 수많은 개혁들 중 하나가 아니라 16세기라는 특정 시대의 개혁을 지칭하기 위해 'Reform'이 아닌 'Reformation'을 의도적으로 사용한 것도 주목해야 합니다.

여기에 한 가지를 더 언급할 필요가 있습니다. 종교개혁을 연구하는 영어권 학계에서는 오랫동안 'The Reformation'이라는 표현이 통용되었지만, 지난 수십 년간 복수표현인 'The Reformations'가 널리 공감대를 얻어 지금은 더 자주 사용되고 있습니다. 이는 당시의 개혁이 단일한 하나의 운동이었다기보다는, 이 운동과 사건 안에 지역별, 언어별, 사상별, 인물별, 사회문화별 다양성이 생각하던 것보다 훨씬 컸다는 인식이 퍼졌기 때문입니다. 물론 종교개혁 시대에 로마교회에 반대하여 등장한 개신교 진영 안에 루터파, 개혁파, 성공회, 재세례파 등 크게 네 개 전통이 존재했다는 것은 이전부터 잘 알려진 내용이었습니다. 그런데 근래의 연구성과에 따르면, 이렇게 크게 네 전통이 존재했을 뿐만 아니라 같은 개혁파, 루터파, 재세례파, 성공회 전통 안에서도 다양한 인물, 도시, 국가, 언어, 교리해석별로 다양한 계파들이 있었습니다. 따라서 보다 다채로운 점이 있다는 것을 용어로 명시할 필요가 있다고 생각했던 겁니다. 이런 점에서 근래에 16세기 종교개혁을 놓고 영어권 학계에서 주로 사용하는 표기는 'The Reformations'입니다.

이제 이 사건(운동, 사조)의 우리말 표현을 살펴봅시다. 우리말 용어 '종교개혁'은 영어의 'The Reformation'과는 다릅니다. 'The'와 대문자가 없다는 차이를 말하는 것이 아닙니다. 어차피 관사와 대소문자 구별이 없는 우리말에서는 영어에서 강조하기 위해 사용하는 형식을 그대로 구현할 수는 없습니다. 가령 'The'를 번역해 '그 개혁'이라고 할 수는 없는 일입니다. 이보다 중요한 차이는, 우리말 용어에는 영어 표현에는 없는 '종교'라는 단어가 붙어있다는 겁니다. 즉 영어로 'Religious'라는 단어가 우리말 용어에 있다는 겁니다. 그러면 이 용어가 왜 첨가되었을까요? 이는 문화와 역사의 차이 때문이라고 할 수 있습니다.

쉽게 말하면 이렇습니다. 한국사회에서 기독교는 18세기 천주교 전래로까지 거슬러 가더라도, 200년의 역사밖에 안 되는 신흥종교요, 외래종교입니다. 더군다나 기독교는 사실상 교회와 거의 동의어로 쓰일 만큼 폭이 좁은 용어입니다. 예컨대 한국에서 기독교인 하면, 그는 교회에 다니는 사람을 의미합니다. 물론 최근에는 '가나안 성도'라고 해서, 기독교 신자이면서도 교회에는 '안 나가'(거꾸로 하면 '가나안')는 사람들이 꽤 있고, 이런 가나안 성도 현상을 분석하는 연구서와 논문도 여럿 나왔습니다. 하지만 그럼에도 여전히 한국에서는 기독교인과 교회 다니는 사람을 굳이 구분하지 않습니다. "너 기독교인이니?"라고 묻지 않고, "너 교회 다니니?"라고 묻습니다. 이런 현상은 기독교가 한국의 문화전통 전반의 정신과 정체성에 녹아들어 있다기보다, 교회라는 공동체에 소속된 특정 종교인 집단과 동일시되기 때문에 일어나는 것입니다. 그만큼 기독교가 전파된 역사가 짧기 때문에 그런 거지요.

그런데 서양은 전혀 다릅니다. 서양은 기독교 역사가 약 2,000년이나 됩니다. 서양에서도 초기 약 300년은 한국과 상황이 비슷했을 겁니다. 그때는 기독교인이 소수였고, 로마제국으로부터 인정받는 종교도 아니었습니다. 그러니 소수의 기독교인은 공동체에 소속되어야만 같은 정체성을 가진 사람들과 교제하며 동지 의식을 더 강화할 수 있었습니다. 그러나 313년의 공인과 392년의 국교화 이후 상황은 달라졌습니다. 기독교가 공인되고 국교가 되면서, 이제 기독교는 단지 교회라는 좁은 울타리 안으로만 제한되지 않았습니다. 여전히 신앙생활의 중심은 교회였지만, 기독교는 점점 서양사회 전체의 전통이 되어갔습니다. 기독교가 교회의 영역에만 머물지 않고 세계관이자 인생관이 되어 정치, 경제, 사회, 문화, 예술, 노동, 사상 등 모든 영역, 아니 그냥 삶 자체라고 할 수도 있게 되어버린 겁니다.

그렇기 때문에 만약 한국의 상황에서 기독교에 개혁이 일어났거나 앞으로 일어난다면, 그 개혁은 그저 교회의 개혁일 뿐입니다. 교회의 예배나 직분, 목회자나 중직자의 도덕, 예배당 건축, 교파 분열, 신학교 등에 개혁이 일어나도 이것은 주로 기독교 교회에 제한되는 일이지, 이것이 사회 전체의 변화나 개혁, 혁명으로 이어질 가능성은 별로 없습니다. 따라서 우리 한국인이 이해하는 인식의 틀에서, 이 개혁은 '종교개혁'으로밖에는 표현될 수 없습니다. 기독교 역사가 짧은 지역, 즉 18세기 이후 서양교회의 선교를 받아 세워진 비서양 지역 기독교와 교회의 공통적인 특징은 이 단어에서 종교를 빼고 그냥 '개혁'이라고 쓸 수 없다는 겁니다.

그러나 16세기 서유럽은 기독교라는 종교가 단지 교회의 전유물이 아니라 정치, 사회, 문화, 학문, 삶의 방식, 가치관 등과 밀접하게 연결되어 분리나 심지어 구별조차 되지 않던 '중세'의 끝자락에 있었습니다. 그래서 16세기 유럽에서는 '종교만의 개혁' 같은 것은 있을 수 없었습니다. 종교의 개혁은 곧 정치의 개혁이고, 지성의 개혁이자, 대학의 개혁이요, 도시의 개혁이고, 국가의 개혁이며, 문화와 예술의 개혁이고, 삶 자체의 개혁이었습니다. 그래서 'The Reformation'에 'Religious(종교의)'라고 한정하는 수식어가 들어갈 필요가 없고, 들어갈 수도 없는 것이지요.

이것이 아주 중요합니다. 왜냐하면 결국 이런 배경이 우리가 '종교개혁과 정치'라는 주제를 다루는 전제이기 때문입니다. 종교는 정치에 관여해서는 안 된다는 주장을 당연한 상식이자 불문율로 생각하는 한국 기독교인의 사고는, 오히려 지난 2,000년의 기독교 역사에서는 낯선 개념이었습니다. 물론 종교가 지나치게 정치와 권력에 간섭해서 타락하거나 군주나 의회의 간섭을 받아 정치의 꼭두각시처럼 될 수 있었기 때문에, 이런 유착 관계에 저항하거나 자제를 요청한 사례는 기독교 역사에도 많았습니다. 그러나 서양 기독교인은 그들의 역사적 경험을 통해서 결국 종교와 정치가 어떻게든 관계를 맺을 수밖에 없다는 사실을 잘 알고 있었습니다. 그랬기 때문에 이들은 이 둘이 관계를 맺을 가장 적합하고 타당한 방법이 무엇인지를 놓고 치열하게 고민했습니다. 그것이 다양한 신학자, 사상가, 교파, 전통들이 만들어낸 그들만의 해법, 즉 정치신학입니다.

종교개혁 전반기인 16세기에 이미 상당히 정교하게 정리된 정치신학들에 대한 자세한 설명은 나중에 따로 하기로 하고, 먼저 종교개혁이 태동하게 된 16세기 직전 서유럽의 정치사회적 상황을 알아보도록 합시다.

2) 종교개혁 전야 서유럽의 정치 및 사회 상황

① 르네상스와 인문주의: '근원으로'(*Ad Fontes*)

종교개혁은 16세기에 일어났지만, 크게 보면 14세기부터 16세기까지 진행된 '르네상스'(Renaissance)라는 더 긴 시대의 일부였습니다. 이 르네상스는 '문예부흥'이라는 용어로 자주 번역되는데, 이 용어에서처럼 예술, 학문, 문학 등이 다시 부흥을 맞은 시기라는 뜻입니다. 그렇다면 전제가 있겠지요? 즉 르네상스 이전에는 예술과 학문과 문학이 쇠퇴하거나 관심 밖에 있었다는 말입니다. 따라서 르네상스는 그 이전 시대인 중세의 쇠퇴기와 무지기를 극복하고 과거로 회귀하자는, 더 구체적으로 영광스러웠던 과거로 돌아가자는 운동이었습니다. 이때 사용된 중요한 구호가 바로 '근원으로'(*Ad Fontes*, to the fountains)였습니다. 이 구호 아래 14세기 이후 르네상스 인문주의자들은 잃어버린 것으로 인식했던 고전시대, 즉 그리스와 로마 시대의 지혜와 광명으로 돌아가자고 외쳤습니다.

그런데 르네상스의 '근원으로'라는 정신의 관심사와 목표는 종교인과 세속인, 그리고 서유럽의 남쪽과 북쪽에 사는 사람 간에 차이가 있었습니다. 먼저 서유럽의 남쪽, 즉 이탈리아(특히 로마와 피렌체)와 스페인, 포르투갈 등에서는 르네상스가 주로 예술적인 측면에서 이루어졌습니다. 그래서 우리가 잘 아는 대로, 이 시대에 레오나르도 다빈치, 미켈란젤로, 라파엘로 같은 위대한 예술가들이 등장했습니다. 이들은 그리스와 로마 시대의 철학자들과 정치인, 전쟁영웅, 신화 속의 인물들을 그림으로 그리고 조각했습니다. 중세 시대에는 이런 인물들이 그림이나 조각의 대상이 될 수 없었습니다. 중세 사람들은 철저하게 신 중심적 세계관으로 살았기 때문에, 미술의 대상은 성경에 나오는 인물이나, 교회가 성인으로 정한 인물들뿐이었습니다. 더군다나 중세의 그림은 대개 일종의 평면구도로 신앙적인 인물들을 그린 다음, 그 인물들의 머리 뒤에 후광(halo)을 노랗게 그렸습니다. 주제 자체가 언제나 신앙적이었으며, 그림의 대상은 모두 이 땅의 일반적인 인간 군상을 넘어 거의 천사와 같은 천상의 존재로만 그려졌습니다. 아래의 그림을 봅시다. 이 그림은 이탈리아 시에나 대성당 중앙제단에 설치된 패널(panel)에 두치오(Duccio)가 1308년에서 1311년 사이에 그린 것으로 알려진 작품입니다. 이 시대의 회화는 그림을 보는 사람이 인간이나 자연이 얼마나 아름다운가를 느끼게 만

[그림 1] 1308년에서 1311년 사이에 제작된 것으로 알려져 있는 이탈리아 시에나 대성당 중앙 제단에 설치된 패널(panel)에 그려진 두치오(Duccio)의 그림

드는 것이 목적이 아니었습니다. 그보다는 그림을 통해 성경을 배우는 학습효과를 기대했고, 더 경건해지고 신앙이 더 뜨거워지게 만드는 것이 목적이었습니다.

그러나 르네상스 시대에 도입된 회화 기법과 그 목적은 중세와는 달랐습니다. 종교 바깥의 인물이 대상이 될 수도 있었습니다. 다빈치의 <모나리자>가 대표적입니다. 물론 여전히 성경과 기독교 인물이 중심이었습니다. 다빈치의 <최후의 만찬>, 미켈란젤로의 <최후의 심판>, <다비드> 등이 모두 그렇습니다. 하지만 중세와는 결정적인 차이가 있습니다. 이 시대의 그림과 조각은 모두 입체감을 강조한다는 겁니다. 원근법을 사용해 그림을 평면적이지 않게 입체적으로 그렸습니다. 또한 중세시대의 그림이 주로 옷을 많이 입고 신체를 가렸다면, 같은 주인공이라도 르네상스 시대의 그림은 신체가 많이 노출되어 있습니다. 몸이 크고, 살집이 있고, 근육이 뚜렷합니다. 그만큼 인간의 몸의 아름다움을 강조하고자 했습니다. 인간의 몸과 육체를 영혼보다 열등한 것으로 여기고 가리려 했던 중세와는 전혀 달랐던 겁니다.

미켈란젤로의 <다비드> 조각상을 봅시다. 성경에 나오는 인물인데, 몸을 가리지 않았습니다. 이 조각상의 주인공이 누구인지 모르는 사람이 처음 이 조각상을 본다면, 아마도

 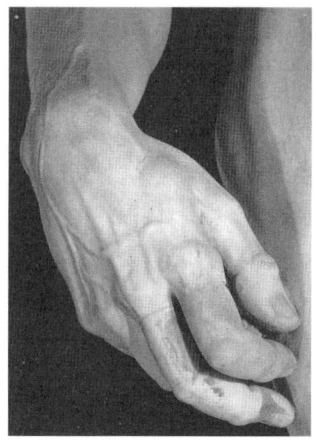

[그림 2, 3] 미켈란젤로의 <다비드> 조각상(좌), 미켈란젤로의 <다비드> 조각상의 손 부분(우)

고대 그리스나 로마 시대의 영웅이거나 신화에 나오는 인물이라고 생각할 겁니다. 그러나 이 사람은 경건한 신앙의 인물인 다윗입니다. 다윗이 마치 그리스 영웅처럼 서있는 것은 성경의 인물에 그리스-로마의 세계관을 투영한 겁니다. 그리스-로마 문명은 인간을 강조했습니다. 인간의 지성과 신체, 아름다움을 예찬했습니다. 따라서 이 조각을 통해 미켈란젤로가 구현하려 했던 것은 신앙과 경건의 함양이 아니라, 인간 육체의 아름다움이었다고 할 수 있습니다. 그는 몸의 신체 기관 구석구석, 표정 하나, 심지어 핏줄 하나까지도 생생하게 잡아냈습니다. 이는 역동하는 인간의 힘과 에너지와 자유로운 정신을 표현하려고 한 겁니다.

그러나 중세와 르네상스의 차이를 너무 과장해서는 안 됩니다. 이미 언급한 것처럼, 르네상스 시대에도 여전히 사람들의 삶의 중심은 교회였고, 예술가들의 예술작품도 대부분 교회의 고위성직자나 경건한 신자의 후원으로 탄생했습니다. 그들이 그리고 조각한 작품도 대부분 여전히 종교적인 주제를 다루었습니다. 이 점에서 중세와 르네상스는 연속선상에 있었습니다. 그러나 분명한 불연속성도 있었습니다. 철저하게 인간이 신에게 종속되었던 중세를 지나, 신과 함께 일하고 함께 공존하고 함께 세상을 만들어가며 인간이 부상하는 시대가 다시 도래한 겁니다. 남유럽 르네상스의 예술은 이런 신풍조를 보여주는 가시적인 증거였습니다.

르네상스 시대 남유럽 사람들이 그리스와 로마의 예술적 영감이라는 근원으로 돌아가려고 했었다면, 북유럽, 즉 네덜란드, 독일, 스위스, 프랑스, 잉글랜드와 스코틀랜드 같은 지역의 사람들은 고전 언어(그리스어와 라틴어, 히브리어)와 고전 철학(그리스 철학과 로마법), 학문이라는 원류로 돌아가려 했습니다. 이를 '북유럽 르네상스 인문주의'라고 합니다. 물론 고전을 중시하는 이런 학문적 인문주의가 북유럽에서만 일어났다고 말할 수는 없습니다. 옛 로마제국의 중심부를 문화적, 지리적으로 계승한 지역이 이탈리아였기 때문에, 북유럽에서 유행한 인문주의가 시작된 지역도 이탈리아였습니다. 그러므로 남유럽에서도 고전 중심의 학문적 회복이 있었는가 하면, 북유럽에서도 예술적 회복이 있었습니다. 그러나 어느 것이 더 비중 있게 다뤄졌는가를 고려할 때 상대적 비중에서 남쪽은 예술, 북쪽은 학문, 이렇게 구분하는 것이 이해하기 쉽습니다. 북유럽의 인문주의 르네상스가 중요한 이유는 결국 이 인문주의가 종교개혁에 직접적인 영향을 끼친 운동이자 사조였기 때문입니다.

북유럽 인문주의가 고전의 회복을 강조하면서, 그리스어와 라틴어로 기록된 고전들이 널리 연구되고 또 각 나라의 언어로 번역되기 시작했습니다. 고전의 내용 자체도 강조되었고, 그리스, 로마 시대의 철학자들과 법률가, 정치인들이 가졌던 수사(rhetoric), 즉 연설기술을 고전을 통해 배우고자 하는 열망도 컸습니다. 중세시대에 스콜라신학을 집대성하는 과정에서 많이 인용되고 활용된 플라톤 철학을 대신해, 상대적으로 무시되었던 아리스토텔레스의 철학도 많이 소개되었습니다. 이런 배경에서 르네상스 시대에는 새로운 정신으로 무장한 인문주의 학자들이 대학에서 활약하거나, 교회나 개인별로 연구하며 고전 언어와 문학, 문헌들을 소개하는 글이 많이 출판되었습니다. 여기에 1454년, 구텐베르크가 현대적인 인쇄술을 발명하면서 인문주의의 학문적 성과들이 유럽 전역으로 널리 퍼지게 되었습니다.

종교개혁자들이 아닌 일반 인문주의자들이 돌아가자고 주창한 근원이 그리스와 로마의 고전과 언어, 철학이었다면, 고전문헌과 언어라는 같은 수단을 사용하여 종교개혁자들이 돌아가고자 했던 근원은 성경과 초대교회였습니다. 개혁파의 창시자인 츠빙글리와 칼빈, 루터의 뒤를 이은 루터파 지도자 멜랑흐톤 등, 종교개혁의 시조 루터를 제외한 종교개혁자 대부분이 당시 인문주의의 중심지였던 여러 대학에서 법, 고전, 언어 및 인문교육을 충실히 받은 기독교 인문주의자였습니다. 따라서 비록 르네상스 인문주의라는 사회문화적 환경을 공유했을지라도, 인문주의 교육을 받지 않고 처음부터 끝까지 전형적인 신학자였던 루터와, 신학을 배우기 전에 대학에서 인문주의 배경에서 법학과 인문학을 먼저 공부한 츠빙글리와 칼빈 등의 인문주의적 종교개혁자 간에는 사상의 형성과정과 방법론 등에서 차이가 있을 수밖에 없었습니다. 이 차이가 각각의 정치관에 어떤 영향을 끼쳤는지에 대해서는 나중에 더 자세히 언급하겠습니다.

요약하자면, 북유럽의 인문주의 르네상스의 '근원으로'

(*Ad Fontes*)라는 정신을 통해, 북유럽 종교개혁자들은 고전으로서 신구약성경의 권위, 성경 원어인 히브리어와 그리스어의 중요성을 강조했습니다. 그리고 로마제국 시대를 살았던 위대한 교부들(아우구스티누스, 히에로니무스, 크리소스토무스, 아타나시우스 등)의 가치, 전문적이고 체계적인 교육과 학교의 필요성, 그리고 종교개혁 이후 설교에서 기능을 발휘하게 될 전달 수단으로서 수사학의 중요성 등을 종교개혁에 적용했습니다.

② 교황청의 부패와 제국의 혼돈

종교개혁의 배경에는 이런 르네상스라는 거대한 변혁의 물결이 있었습니다. 이 물결은 사회 전반을 뒤흔들었을 뿐 아니라 당시 중세 서유럽 사회를 지탱하고 있던 두 기둥인 제국(국가)과 교황청(교회)에도 영향을 주었습니다. 즉 그들이 가진 권위에 금이 가게 되거나 재조정될 수밖에 없었습니다. 먼저 로마교회의 권위가 어떻게 위기를 겪게 되었는지 살펴볼까요? 여기서는 중세교회의 교리적이고 도덕적인 부패를 다루지는 않겠습니다. 그것은 이 소책자 시리즈의 다른 책에서 충분히 다룰 것이므로, 여기서는 '정치'의 핵심이 되는 권위가 어떤 이유와 어떤 방식으로 흔들렸는지를 중심으로 다룰 겁니다.

크게 두 가지 사건이 로마교회의 권위 하락을 불러왔는데, 그중 하나가 교회의 대분열 사건입니다. 로마교회는 전통적으로 예수님의 제자인 베드로를 초대 로마주교로 봅니다. 베드로에게 천국 문을 여는 열쇠를 주셨다는 구절(마태복음 16장 19절)에 근거해, 로마에서 초기 기독교인들을 위해 사역하다 순교한 베드로가 첫 번째 로마주교, 즉 초대 교황이라는 겁니다. 또한 교황은 한 사람뿐이어야 하며, 그가 교회의 수장으로서 공의회와 주교회의 등과 협의하여 교리의 정통과 이단을 분별하고, 구원과 권징과 파문을 관장하는 최종 권위가 있습니다.

그런데 14세기 말과 15세기 초에 대분열(The Great Schism, 1378~1417년)이 일어나, 교황이 두 명, 혹은 세 명이 되는 충격적인 사건이 발생했습니다. 먼저 두 교황이 각각 로마와 아비뇽에 머물면서 자기가 진짜 정통 교황이라고 주장했고, 유럽의 각 나라 왕들은 자기 유익을 고려해 구미에 맞는 교황을 지지하며 서로 대립했습니다. 교황이 중요한 교회 문제를 결정할 최종 권위자인데 교황이 두 사람이다 보니, 이 중 한 사람만을 진짜라고 확정한 후에야 교회의 다른 문제들을 해결할 수 있었습니다.

그러면 이 중 한 사람이 정통이라고 확정하는 권위는 누구에게 있을까요? 고심 끝에 로마교회의 지도자들은 공의회를 소집하고, 이 공의회의 결정이 가장 강력한 권한을 가진다고 선언했습니다. 그렇게 해서 공의회가 소집되어 한 명의 교황을 새로 정하고, 로마와 아비뇽에 있던 나머지 둘은 가짜라고 파문했습니다. 새로 확정된 교황은 피사에 머물렀습니다. 그런데 파문된 두 교황도 물러나지 않고 교황 자리를 여전히 지키다가, 나중에 가서야 결국 다시 한 교황으로 통일되었습니다.

그렇다면 이제 한 사람이 된 그 교황과 공의회 중에서 누가 더 큰 권한이 있을까요? 여기서 다시 분열이 발생합니다. 전통적으로 교황이 최고 권위를 가진다는 '교황파'와, 교황에게 문제가 생겼던 대분열의 위기를 생각해 교황보다 집단 회의체인 공의회가 더 큰 권위를 가져야 한다는 '공의회파'로 나뉘었습니다. 대분열이 야기한 이런 상황으로 로마교회는 내부적으로 큰 갈등과 분열을 겪었고, 결국 교황은 이전만큼의 힘을 갖지 못하게 되었습니다.

종교개혁은 큰 흐름에서 보자면, 교황 한 사람보다는 공의회에 더 큰 힘을 실어주어야 한다는 사람들의 생각과 연결된 운동이었습니다. 중세 말기 공의회 운동 안에서 개혁의 의지를 지닌 사람들은 교황의 절대 권력이 야기한 교회의 부패와 타락을 공의회의 권위 신장을 통해 해결할 수 있으리라고 희망했습니다. 그러나 이 운동이 실패로 돌아가면서, 이제는 교황의 권력을 견제할 다른 수단을 생각할 수밖에 없게 되었습니다. 그 수단이 세속정부였습니다.

따라서 로마교회의 권위가 맞은 두 번째 위기는 세속정부의 힘이 강화된 상황과도 깊은 관련이 있습니다. 중세 내내 교황권과 세속왕권 사이에 누가 더 우위에 있느냐를 두고 끝없는 긴장과 갈등이 있었습니다. 대표적인 사건이 유명한 '카노사의 굴욕'(1077년)입니다. 이는 당시 신성로마제국의 황제 하인리히 4세가 자신을 파문한 교황 그레고리오 7세를 만나기 위해 이탈리아 북부 알프스 산악지대의 카노사 성으로 찾아가 눈 위에서 회개하며(아마도 무릎을 꿇고) 용서를 빈 사건입니다. 이 사건으로 교황이 이긴 것 같았지만, 그러나 사실 황제는 이후 다시 로마를 침공해서 그레고리오 7세를 교황 자리에서 몰아냈습니다. 이렇듯 두 권력 사이에는 끊임없이 갈등이 있었습니다.

그런데 중세 후기에는 교회의 내부 분열 때문에 교황권이 약화되면서, 다른 시대에 비해 상대적으로 세속 황제와 왕, 제후 등이 더 큰 힘을 발휘할 수 있는 상황이 도래했습니다. 즉 세 교황이 각각 로마와 아비뇽과 피사에서 자기가 교황이라고 주장할 때, 이들은 당연히 자신들을 군사, 경제적으로 지원해 줄 세속군주에게 의존하며 그들의 눈치를 볼 수밖에 없었습니다. 16세기에 루터가 독일 북부에서 종교개혁을 전개했을 때도, 이전 같았으면 이 지역 통치자가 루터를 잡아다 교황에게 보내서 파문과 화형을 받게 하는 것이 당연했을 것입니다. 실제로 '종교개혁의 샛별'이라 불리는 14, 15세기 종교개혁의 선구자 존 위클리프(John Wycliffe)나 얀 후스(Jan Hus) 같은 인물들은 루터와 대동소이한 주장을 펼쳤지만, 세속군주들의 지지를 얻지 못했기 때문에 화형당하거나(후스) 이미 죽은 시체를 꺼내 다시 불태워 처형하는 부관참시를 당했습니다(위클리프). 한마디로 아직 때가 차지 않았던 것입니다.

그러나 16세기에는 상황이 달라졌습니다. 각국 통치자들은 이전만큼 교황에게 순종하지 않았습니다. 교회의 부패와 타락이 혐오스러웠기 때문이기도 하지만, 또 한 가지 큰 요인은 당시 유럽 전역에 불어 닥친 민족주의 열풍 때문이기도 했습니다. 당시 각 지역의 군주들은 민족주의를 등에 업고 로마와 교황의 통제에서 벗어나 민족이나 지역의 신앙 공동체를 발전시킬 기회를 확보했습니다. 종교개혁이 지역별, 민족별로 다양한 전통과 교파들을 만들어 낸 것도 이런 배경 때문입니다.

③ 민족주의와 도시 공동체의 발흥

민족주의가 16세기에야 비로소 서유럽 사람들의 마음에 자리를 잡은 것은 아닙니다. 이미 13세기 말 무렵부터 유럽의 여러 지역에서 당시 서유럽을 지배하고 있던 신성로마제국이나 다른 강력한 왕국의 통치에 반발하여 지역과 민족 단위로 저항을 모색하는 일이 있었습니다. 이런 민족주의 정신을 가장 분명하게 표현한 사람들 중에는 알프스 산악 지역에 살았던 사람들도 있었습니다. 오늘날 '스위스'라는 나라가 된 이 험난한 산악 지역에는 강인한 농부와 전사들이 살고 있었습니다. 이 지역은 모두 공식적으로는 신성로마제국의 영토였습니다. 하지만 느슨한 자치가 어느 정도 허용되었기에, 사람들이 모여 살던 작은 도시들(cantons)은 13세기 말부터 일종의 연방 체제를 형성하여 신성로마제국을 통치하던 합스부르크 왕가의 간섭과 압제에 저항하곤 했습니다.

이런 저항의 전설 가운데, 독일 작가 프리드리히 실러가 1803년에서 1804년 사이에 쓴 희곡을 통해 널리 알려진 활의 달인 빌헬름 텔(Wilhelm Tell)이 가장 유명합니다. 아들의 머리에 올려놓은 사과를 쏘아 맞힌 것으로 유명한 빌헬름 텔은 비록 허구로 창조된 인물이긴 하지만, 이런 유형의 인물이 있었을 개연성은 충분합니다. 신성로마제국의 합스부르크 왕가가 알프스의 스위스 원주민들을 압제한 것은 사실이기 때문입니다. 이후 스위스의 산악 전사들은 합스부르크 왕가 군대와의 기나긴 전투 끝에 결국 1499년에 독립을 얻어냈습니다. 자유를 위해 투쟁한 스위스 민족주의 정신은 이미 종교개혁 250년 전부터 확고했습니다. 따라서 16세기 전반기에 일어난 스위스의 개혁파 종교개혁은, 이렇게 독립을 얻은 지 얼마 되지 않아 민족적 자부심과 희망에 가득 차 있던 스위스 사람들이 그 진취적 기상에 맞는 자기만의 신앙정체성을 찾아낸 결과로 볼 수도 있습니다.

그렇다고 민족주의가 제국의 직접적인 압제를 받던 스위스에서만 발흥된 것은 아닙니다. 당시 강대국이라 할 수 있었던 다른 나라에서도 민족주의는 자신들의 힘을 과시하며 유럽의 중심세력으로 발돋움하는 수단이었습니다. 예컨대 프랑스는 16세기 초에 교황과 그를 비호하던 스위스의 일부 세력이 연합한 군대와 전투를 벌여 그들을 격퇴하고 이탈리아에 영향력을 행사하기 시작했습니다. 이 전투의 결과로 합의된 볼로냐 협약(Concordat of Bologna, 1516년)을 통해 교황은 프랑스 안에 있는 로마교회의 고위 성직자 임명권을 프랑스왕인 프랑수아 1세에게 양도했습니다. 교회의 고위 성직자(대주교와 주교)를 교황이 아니라 왕이 임명할 수 있게 되었다는 것은, 프랑스교회가 로마교회에 속하긴 했어도 이제는 '로마'보다는 '프랑스'의 결정과 힘에 좌우된다는 뜻이었습니다. 즉 '프랑스' 민족의 교회가 된 겁니다. '소르본'이라고 하는 프랑스 파리의 대학이 로마 교황청과 로마의 대학들보다 더 권위가 있게 된 계기도 여기에 있습니다. 이제는 교회가 이단과 정통 등을 판별할 때, 로마가 아닌 소르본에 더 강력한 권위가 있게 되었습니다.

민족주의의 발흥은 도시의 탄생과도 상호 연관관계가 있습니다. 사도시대에 첫 교회들이 세워진 곳이 대부분 로마제국의 도시들이었던 것과 마찬가지로, 종교개혁 신앙이 태동하고 성장한 곳도 도시였습니다. 주로 보수적이고 전통적인 시골보다는 개혁성향이 있는 상인과 젊은이, 지식인 등이 많은 도시가 새로운 사상과 문물에 더 개방적인 태도를 취했기 때문입니다. 종교개혁이 시작되던 시점에 신성로마제국에 속한 독일 도시 다수가 종교개혁에 개방적인 태도를 취했습니다. 스위스 종교개혁도 취리히, 베른, 바젤, 제네바

등의 도시에서 활발했고, 프랑스에서도 (비록 실패로 끝나기는 했지만) 파리, 리용, 오를레앙, 루앙 같은 도시들이 종교개혁 신앙을 수용한 중심지였습니다.

왜 도시가 민족주의와 종교개혁의 중심이 되었을까요? 먼저, 그것은 신성로마제국이 무력으로 각 도시들을 완전히 통제하는 철권통치를 펼치지는 않았기 때문입니다. 신성로마제국은 많은 국가와 민족의 왕가들이 결혼과 조약 관계를 통해 얽혀 있는 일종의 연방제 제국이었기 때문에, 한 황제가 제국의 전 지역을 혼자서 완벽하게 다스릴 수는 없었습니다. 더구나 황제가 선거로 선출되는 방식으로 즉위했기 때문에 선거권을 가진 선제후의 권한도 막강한 편이었고, 이들과 공존해야 하는 황제가 완전한 독재통치를 할 수도 없었습니다. 그러니 특정 도시의 시의회는 황제와는 상관없이 그 지역만의 특색 있는 지역주의와 민족주의 등을 유지할 수 있었습니다. 종교개혁 신앙을 수용하는 것도 이런 독자적인 지역민족주의를 실현하는 하나의 과정이었습니다.

물론 종교개혁을 받아들인 도시들이 모두 획일적인 과정을 겪은 것은 아닙니다. 어떤 도시는 도시의 통치자들이 신앙을 받아들인 후 이를 백성에게 강제로 강요하기도 했고, 새로 부상한 상업계층인 부르주아가 중심이 되어 종교개혁을 초기에 수용한 것이 전체 도시로 확산된 경우도 있었고, 강력한 카리스마의 개혁자 한 사람의 영향력으로 도시 전체가 새로운 신앙을 받아들인 경우도 있었습니다. 이외에도 도시나 지역마다 종교개혁을 수용한 사회적 상황은 세부적으로는 다 달랐습니다. 그러나 새로운 사상(민족주의와 새로운 종교)은 새로운 환경이 조성된 곳, 즉 기존의 권위(교황과 황제)로부터 어느 정도의 독립성을 유지할 수 있는 환경에서 태어나고 자라기가 더 좋았다는 주장은 충분히 설득력이 있습니다. 이런 민족주의와 도시의 배경이 로마교회를 고수하느냐 아니면 개신교를 수용하느냐의 사이에서 선택을 이끄는 중요한 요인이 되었습니다. 또한 이후 종교개혁의 다른 두 전통(루터파와 개혁파)이 각각 다른 정치관을 형성하는 배경이 되기도 했습니다.

◈ 토론을 위한 질문 ◈

1) 종교개혁이 단지 종교만의 개혁이 아니라는 것은 무슨 뜻인가요?

2) 종교개혁이 민족주의의 원인이자 결과라는 것은 무슨 뜻인가요?

3) 르네상스라는 더 큰 틀에서 종교개혁을 해석해야 한다는 것은 무슨 뜻인가요?

Re
form
ed

------ 제2장

각 종교개혁 전통의 정치관

이제 본격적으로 종교개혁 시대에 번성한 각 전통의 탄생 배경을 살펴보고, 이 전통들 각각의 정치관을 알아보죠. 우선 종교개혁의 각 계파들이 탄생하게 된 역사입니다.

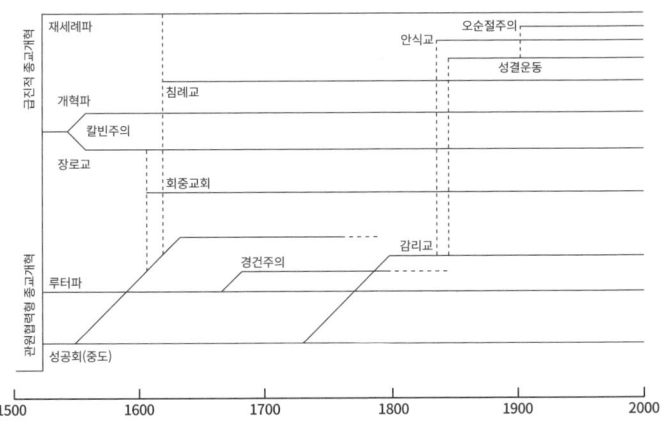

[그림 4] 종교개혁 이후 탄생한 주요 개신교 교파들

1) 종교개혁 4대 전통의 탄생사 요약

앞장의 그림을 보면, 16세기에 일어난 종교개혁은 약 100년 동안의 발흥과 전개, 투쟁, 정착을 거쳐 크게 네 개의 전통으로 정착됩니다. 이 중 주류 종교개혁이라 할 수 있는 것이 루터파(Lutheran, 루터교회), 개혁파(Reformed, 개혁교회), 성공회(Anglican, 잉글랜드국교회) 전통이고, 비주류이자 급진적인(radical, '근원적'으로 번역하기도 합니다) 종교개혁이라 할 수 있는 것이 재세례파(Anabaptist, 아나뱁티스트)입니다. 앞에 있는 세 개의 주류 종교개혁은 일단 가담한 사람들의 숫자가 많기도 했지만, 정부와 관원들의 협력을 통해 개혁을 했다는 의미에서 '관원 협력형'(magisterial) 종교개혁이라 합니다. 비주류이자 급진적인 재세례파의 종교개혁은 정부와 관원의 협력을 거부하고 오직 순수한 신자들의 공동체만을 꿈꾸었기 때문에 '비-관원 협력형' 종교개혁이라 부릅니다.

물론 종교개혁을 교리를 중심으로 분류할 때는 주로 유아세례를 인정하느냐 하지 않느냐로 구별되기 때문에, '관원 협력형'과 '비-관원 협력형' 종교개혁으로 구분하지는 않습니다. 그러나 이 책의 주제는 '정치'이기 때문에, 통치자와 어떤 관계를 맺느냐를 중심으로 구별한 이 구분법을 사용하겠습니다. 이런 두 개의 큰 물줄기를 타고서 이후 500년간 개신교가 다양한 집단으로 분화하는데, 크게는 이 네 전통의 후손, 또는 이 전통들 중 몇 개가 혼합되어 오늘날의 다양한 개신교 교파들이 탄생했습니다. 16, 17세기를 다루는 이 책의 범위를 벗어나기는 하지만, 오늘날 우리 기독교의 지형과 관계가 있기 때문에 위 그림에 나오는 주요 교파들의 흐름을 간략히 살펴보겠습니다.

먼저 종교개혁의 제1세력인 '루터파'부터 봅시다. 종교개혁은 1517년 10월 31일에 독일인이며 로마교회의 사제이기도 한 마르틴 루터가 자신이 근무하던 비텐베르크성 교회의 문에 95개 항목으로 된 반박문을 부착하면서 공식적으로 시작되었습니다. 이 개혁이 비텐베르크가 속한 작센 주의 영주인 프리드리히의 지지를 받게 되면서, 작센 지역은 루터파 지역이 되었습니다. 이후 작센을 시작으로 독일의 북부와 중부 지역은 대부분 루터파신앙을 받아들이게 되었고, 계속해서 북쪽으로 뻗어나가 오늘날의 유틀란트 반도와 스칸디나비아 반도에 위치한 덴마크, 스웨덴, 노르웨이, 핀란드, 아이슬란드, 그리고 발트 3국(라트비아, 에스토니아, 리투아니아) 중 두 나라인 에스토니아와 라트비아가 루터파신앙을 국교 혹은 주요 종교로 받아들였습니다.

그런데 17세기가 되면서 루터교회가 지나치게 교리 논쟁과 지성주의에 치우쳐있으며, 참된 경건과 실천이 기독교 신앙의 중심이라 주장한 이들이 루터교 내부에서 경건주의 운동(Pietism)을 일으켰습니다. 이들의 사상과 실천이 나중에 영국 개신교인들에게 영향을 미치면서 복음주의 부흥운동이 일어났고, 여기서 탄생한 교파가 바로 감리교(Methodist)입니다.

루터의 종교개혁이 독일을 배경으로 일어난 데 비해, 스위스를 중심으로 루터와는 결이 조금 다른 종교개혁의 제2세력인 '개혁파'(한국에서는 주로 '개혁주의'라 부릅니다)의 종교개혁을 시작한 인물이 울리히 츠빙글리입니다. 그는 스위스 취리히에서 종교개혁을 시작했는데, 그의 사상은 주로 스위스의 독일어권 지방으로 전파되었습니다. 오늘날도 마찬가지이지만, 스위스의 주요 언어는 독일어와 프랑스어, 이탈리아어 세 가지입니다. 종교개혁 당시에도 취리히와 베른, 바젤 등은 독일어권이었고, 제네바와 로잔 등은 프랑스어권, 알프스 산맥 이남으로 이탈리아와 연결된 지역은 이탈리아어를 썼습니다. 이 중 독일어권과 프랑스어권이 주로 개혁파 신앙을 수용했고, 이탈리아어 지역은 로마교회로 남았습니다.

스위스는 각 도시가 독립된 시의회를 중심으로 일종의 대표 민주주의 형태를 취했기에, 취리히 종교개혁을 이끈 츠빙글리가 다른 도시의 종교개혁까지 모두 주도할 수는 없었습니다. 각 도시마다 대표 성직자로서 종교개혁을 이끈 사람들이 있었습니다. 그중 프랑스어권의 대표 도시인 제네바에서 초기 종교개혁을 이끈 인물은 기욤 파렐(Guillaume Farel)이라는 사람이었습니다. 그가 자신의 동역자로 끌어들인 인물이, 츠빙글리가 전투에서 사망한 이후 개혁파 진영 전체의 신학 개혁을 주도한 존 칼빈(John Calvin, 프랑스어식 표기로는 장 깔뱅)입니다.

스위스의 취리히, 바젤, 베른, 제네바에서 시작된 개혁파 종교개혁은 칼빈, 파렐, 베자 같은 프랑스인 개혁자들의 영향 아래 프랑스로도 퍼졌습니다. 프랑스에서 개혁파 신앙을 받아들인 사람들을 '위그노'(Huguenot)라 부릅니다. 그러나 프랑스의 종교개혁 세력이 로마교회 세력과 정치적으로 대결하다가 결국 패배하면서, 프랑스는 개신교 국가가 되지 못하고 로마교회로 복귀하고 말았습니다.

유럽대륙에서 스위스를 이어 개혁파 신앙이 퍼진 대표적인 국가는 네덜란드입니다. 네덜란드는 16세기 당시 스페인의 통치를 받던 식민지였으나, 오라녜의 빌럼(Willen van

Oranje)의 주도 아래 혁명에 성공하면서 독립국가가 되었습니다. 빌럼은 프랑스의 오랑쥬(오라녜의 프랑스어 발음) 공국의 후손이었기에 이런 이름을 얻었는데, 영어식 이름인 오렌지공 윌리엄으로 더 많이 알려져 있습니다. 그가 네덜란드의 국부였기 때문에, 오늘날 네덜란드 스포츠 국가대표팀이 자신들의 국부이자 오늘날 네덜란드 왕가인 이 가문의 성을 따라 전통적으로 오렌지 색깔 유니폼을 입는 겁니다.

유럽대륙에서 개혁파 신앙을 받아들인 또 다른 곳은 독일 남서부 팔츠 지방의 하이델베르크입니다. 그러나 이 지역은 이후 외부세력의 침공으로 다시 로마교회로 돌아갔습니다. 이 외에도 대륙에서 개혁파가 퍼진 곳으로는 체코, 헝가리 등 동유럽 일부 지역이 있었습니다. 지금도 이 지역에는 로마교회와 루터교, 모라비아교, 그리고 20세기 공산주의의 지배를 받은 후에도 살아남은 개혁파 교회들이 많이 있습니다.

한편 개혁파 신앙은 유럽 대륙에서 북해를 건너 섬나라 영국에도 전수되었습니다. 당시 영국은 오늘날처럼 잉글랜드, 웨일스, 스코틀랜드, 북아일랜드가 하나로 연합된 연합왕국(United Kingdom)이 아니라, 각각 독립된 나라들로 있었습니다. 당시 잉글랜드와 웨일스는 성공회(Anglican)라는 잉글랜드인의 독특한 민족주의 교단을 성립하는데, 이 교파는 로마교회의 주교제 정치체계와, 개혁파 중에서도 칼빈의 신학을 결합한 중도적 성격을 띠었습니다. 그런데 성공회가 잉글랜드의 국교회(Church of England)가 되면서 잉글랜드의 왕을 교회의 수장으로 삼았기에, 더 철저한 개혁파 종교개혁을 꿈꾸던 이들은 추가 개혁을 요구하며 국교회에 속하기를 거부했습니다. 이들을 비순응자(Non-Conformist) 혹은 반대자(Dissenter)라고 불렀는데, 우리말로는 그냥 '비국교도'라 부릅니다. 이들 중 대표적인 집단으로 회중교회를 형성한 청교도(Puritan)가 있고, 더 소수 집단으로 장로교도(Presbyterian), 침례교도(Baptist) 등이 있었습니다. 이들은 대부분 칼빈의 신학에 큰 영향을 받은 이들이므로, 개혁파 신자들이라고 할 수 있습니다.

이 중 침례교는 유래가 조금 독특합니다. 이들은 원래 민주주의적 교회정치 체제를 주장하는 회중교회 신자들이었습니다. 이들은 당시 잉글랜드의 로마교회와 성공회 세력의 핍박을 피해 네덜란드로 잠시 피신해 있다가, 거기서 네덜란드 재세례파 집단과 접촉합니다. 거기서 그들의 재세례 주장을 받아들여 침례교를 형성합니다. 이렇게 회중교회 제도에 재세례파의 세례관이 연합하여 형성된 집단이 침례교인데, 그들은 원래의 재세례파와는 달리 세례의 형식도 강조했습니다. 즉 성경의 기록대로, 세례는 머리에 물을 뿌리는 방식이 아니라 물에 푹 잠기는 침수례의 형태가 되어야 한다고 주장했기 때문에 '침례교'가 된 겁니다.

영국 섬의 북쪽에는 스코틀랜드가 있습니다. 스코틀랜드 종교개혁을 이끈 기수는 존 녹스(John Knox)였습니다. 녹스는 스코틀랜드의 첫 종교개혁자는 아니었지만, 스코틀랜드에 종교개혁 신앙을 정착시킨 인물입니다. 제네바에서 칼빈에게 배운 녹스는 칼빈이 가르친 신학과 교회론을 스코틀랜드로 가져와서 스코틀랜드식 개혁파 신앙을 정착시켰습니다. 이렇게 해서 스코틀랜드의 국교회(Church of Scotland)는 잉글랜드와는 달리 장로교가 되었습니다. 한마디로 네덜란드와 독일, 스위스에서 개혁파 신앙으로 세워진 교회가 개혁교회(Reformed Church)라면, 잉글랜드와 스코틀랜드 등 영국에서 세워진 개혁파 교회를 장로교회(Presbyterian Church)라고 합니다. 이 스코틀랜드 사람들이 북아일랜드를 거쳐 미국으로 이민을 가면서 장로교회를 미국에 이식했고, 이 미국 장로교인들이 1884년 이후 한국으로 선교사를 파송하면서 한국에 장로교회가 세워진 겁니다.

감리교는 18세기에 잉글랜드국교회인 성공회에서 이탈

하여 탄생했습니다. 감리교는 성공회의 주교(bishop) 제도와 잉글랜드식 특징을 그대로 유지한다는 점에서 성공회의 후손이라 할 수 있습니다. 감리교는 '감독'이 다스리는 교회라는 뜻인데, 이 감독을 영어로는 똑같이 'bishop'이라고 씁니다. 같은 bishop을 성공회나 로마교회는 '주교,' 감리교는 '감독'이라고 번역 표기하는 겁니다. 감리교의 창시자 존 웨슬리와 찰스 웨슬리(John & Charles Wesley) 형제는 성공회 출신이지만 신학에서는 칼빈주의를 따르지 않고, 칼빈주의의 예정과 하나님 주권 사상을 거부한 아르미니우스(Jacobus Arminius)의 사상을 따랐습니다. 그래서 이들은 인생의 특별한 순간에 하나님의 은혜와 함께 인간의 거룩한 헌신과 노력을 통해 특별한 성결(holiness)을 경험하는 때가 있다고 가르칩니다.

이 같은 감리교의 신학에서 파생해서 19세기에 탄생한 운동이 '성결운동'(Holiness movement)입니다. 이 운동이 지역에 따라 교단으로도 형성이 되었는데, 미국의 나사렛성결교단과 한국의 성결교단이 대표적입니다. 이어서 20세기 초에는 이 성결(또는 성화)이 특별한 성령의 은사를 통해 표적과 현상으로 나타나야 한다고 주장하는 이들이 등장했는데, 이들은 사도행전 2장의 오순절 사건에서 그 표적과 현상이 주로 방언의 형태로 나타났기에 지금도 그런 현상을 통해 특별한 성화의 순간을 경험해야 한다고 주장했습니다. 이들을 오순절파(Pentecostal)라고 하는데, 한국에서 이들이 세운 교회가 순복음교회입니다.

앞의 [그림 4]를 보면, 감리교에서 파생한 이들로 '안식교'(Adventist)라는 그룹이 하나 더 있지요? 이들의 공식 명칭은 '제7일안식일예수재림교회'인데, 한국에서는 이를 안식교로, 영어권에서는 재림교로 부릅니다. 이들은 토요일을 안식일로 지키고 예수님의 임박한 재림을 소망하는 종말론 교회로 시작했기 때문에 이런 이름이 붙었지만, 원래는 미국에서 감리교회에 속해 있다가 이탈한 사람들이 새로이 만든 조직입니다.

이제 종교개혁의 마지막 전통을 설명할 차례입니다. 바로 재세례파입니다. 이들은 정부와 관원과의 협력을 전적으로 거부하고 오직 신자들만의 세례를 주장했기 때문에, '급진적' 혹은 '비-관원 협력형' 종교개혁자들로 불립니다. 재세례파는 기존의 로마교회에서 받은 유아세례의 유효성을 인정하지 않고, 유아세례자는 스스로의 의지로 신자임을 고백한 후에 다시 세례를 받아야 한다고 주장했습니다. 그런데 그 안에서도 여러 다른 유형의 집단이 공존했습니다. 먼저 중요한 점 하나는 이 재세례파의 첫 집단이 츠빙글리가 개혁을 일으킨 취리히에서 처음 등장했다는 겁니다. 이들은 츠빙글리의 개혁이 성경의 기준에 비해 많이 부족하다고 생각하여 더 급진적인 개혁을 요구했습니다. 곧 재세례뿐만 아니라 절대평화주의를 주장했고, 관원과의 모든 협력을 거부하는 태도를 취한 겁니다.

그러다 보니 기존 로마교회나 주류 종교개혁자, 심지어 모든 세속정부와 관원들에게는 그들이 세상을 전복하고 모든 권위를 거부하는 위험한 집단으로 인식되었습니다. 그 결과 재세례파는 어디에서든 처형과 핍박, 추방의 대상이 되었습니다. 그러나 이들은 비록 일부가 핍박에 저항하며 군대를 일으켰다가 완전히 괴멸당하기도 했지만, 절대 다수는 평화주의자로서 검을 들고 맞서지 않았습니다. 그래서 결국 유럽 전역에서 핍박이 없는 곳으로 도망가 사람들의 눈에 거의 띄지 않는 시골에 숨어 살거나, 동유럽과 미국 등지로 이민하여 자신들만의 작은 공동체를 이루며 살았습니다. 이런 이유로 종교개혁의 주류 세력인 루터파나 개혁파, 성공회처럼 특정 국가의 국교나 주류 종교가 되지 못했고, 당연히 지도에도 거의 등장하지 않는 집단이 되고 말았습니다.

이상으로 16세기 종교개혁의 전반적인 전개 상황을 설명

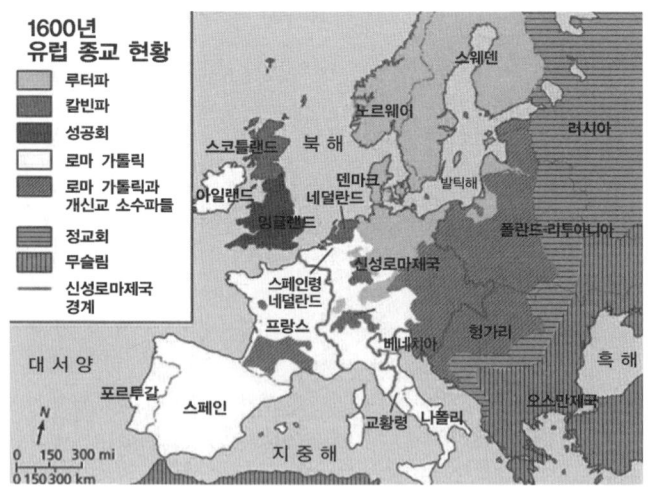

[그림 5] 종교개혁 시작 후 약 100년이 지난 시점의 유럽 종교개혁 교파 지도

했으니, 이제 유럽의 어떤 지역에서 어떤 종파가 국교가 되었거나 혹은 주도권을 가진 신앙이 되었는지를 한눈에 보여주는 지도를 보도록 합시다. 앞의 [그림 4]와 이 지도를 기억하면서 지금까지 종교개혁의 진행과정을 요약하여 해설한 것을 자신의 것으로 만든다면, 여러분도 16세기 종교개혁의 확산에 대해 짧은 강의 정도는 할 수 있게 될 겁니다.

2) 각 전통별 정치관

그러면 이제 각 종교개혁 전통별 정치관이 어떤 내용을 담고 있는지, 그리고 이 정치관이 어떤 배경 속에서 형성되었는지 알아봅시다. 현재 시점에서는 루터파와 개혁파, 성공회는 관원과 협력하는 종교개혁, 재세례파는 관원과 분리된 비정치적 종교개혁을 했다는 점을 유념하는 것이 가장 중요합니다. 그리고 관원과 협력하는 종교개혁 정치관을 지향한 세 진영도 각자 자신들만의 고유한 정치관을 발전시켰다는 사실을 주목해야 합니다. 내용이 비교적 이해하기 쉽고 분명한 재세례파의 종교개혁 정치관부터 먼저 살펴보고, 이어서 관원 협력형 종교개혁의 좀 더 복잡하고 다양한 양상을 다루겠습니다. 관원 협력형 종교개혁의 정치사상을 다룰 때는 루터파와 개혁파 두 진영의 사상을 좀 더 자세하게 다루려고 합니다. 이렇게 두 진영만 다루는 이유는 이 두 진영이 16, 17세기에 유럽에서 진행된 종교개혁의 '사상'을 형성한 두 주류 진영이기 때문입니다.

성공회는 유럽 대륙의 루터교회와 개혁교회와는 다른 잉글랜드의 독자적 교회 형태이지만, 성공회는 사실상 대륙에서 건너온 루터 및 칼빈의 종교개혁 사상과 로마교회의 예전, 그리고 잉글랜드만의 독특한 정치상황이 결합한 결과였습니다. 따라서 잉글랜드 성공회의 정치사상은 교황 대신 왕이 교회의 상하계급제도의 가장 윗자리를 차지하는 '수장령'에서 비롯된다는 사실을 아는 것으로 충분합니다. 왕이 교회의 가장 꼭대기에 있으므로, 국교회가 된 성공회의 신자는 성공회 교인이 되는 동시에 국왕에게 충성을 맹세하는 것이 당연합니다. 그러나 국교회가 아닌 비국교도들, 즉 성공회가 아닌 장로교, 회중교회, 퀘이커, 침례교, 18세기 이후 감리교 등에 속한 신자들은, 자신들이 믿고 싶은 신앙을 신봉할 양심의 자유를 성공회의 대표인 국왕이 억압하고 성공회를 강요하는 경우에 저항했습니다. 그런데 이런 저항권 사상을 발전시킨 개신교 사상가 대부분은 대륙의 개혁파 신학자인 칼빈, 베자, 알투지우스 등의 사상을 잉글랜드와 스코틀랜드의 상황에 맞게 발전시키고 적용했습니다. 따라서 잉글랜드와 스코틀랜드에서 기독교적 정치 및 권리 사상이 발전하고 적용되는 사례에 대한 이야기는 앞으로 개혁파 정치사상을 다루면서 좀 더 자세히 이야기하도록 합시다.

① 재세례파 정치관

이미 언급한 것처럼 16세기 당시 재세례파에는, 기존 교회에서 받은 유아세례의 무용성을 주장하고 오직 자기 입으로 신앙을 고백할 수 있는 신자들만이 세례를 다시 받아야 한다고 주장한다는 공통점을 제외하면, 주장과 행동방식이 다양한 여러 집단이 있었습니다. 이들 중 급진적 행동주의 일파는 무기 사용과 폭력 혁명을 정당화하기도 했습니다. 그러나 이런 집단들의 행위는 당시에 종교적 광신자들에 의한 극단적인 폭동으로 간주되었기에 각국 군대에게 신속히 진압되었고, 소속 신자 대부분은 처형을 당했습니다. 오늘날 명맥을 유지하는 재세례파의 후손들은 주로 당시에 평화주의자들로 분류될 수 있는 집단입니다.

무엇보다도 이들의 정치관은 교회론과 밀접한 관련이 있습니다. 이들에게 교회는 오직 신자들만으로 구성된 순수한 영적 기관입니다. 따라서 순수한 영적 기관인 교회가 세상에 속한 정부와 직접적인 관계를 맺는 것은 잘못된 것입니다. "우리가 사람보다 하나님께 순종하는 것이 마땅하니라"(사도행전 5장 29절)라는 구절에 근거하여, 재세례파는 기독교인이 세상 왕국과 분리된 하나님의 왕국 백성임을 분명히 했습니다. 따라서 세상을 부정한 것으로 보는 가치관으로 살아가는 그들에게는 세상 왕국이 가하는 핍박이 필연적이었습니다.

또한 평화주의자였던 이들은, 국가의 질서와 안녕을 유지하고 적의 침입으로부터 국가를 방어하기 위해 무력과 강제력이라는 수단을 이용할 수밖에 없는 관원이 될 수 없다고 믿었습니다. '형제의 평등성' 원리에서도 마찬가지입니다. 이들은 모든 기독교인이 그리스도를 믿음으로 그리스도 안에서 한 형제가 되었다고 생각했습니다. 이 형제들 간에는 계급과 지위의 차이가 있을 수 없고 모두 평등하기 때문에, 다스리고 통치하는 역할을 맡는 관원이 될 수 없다고 보았습니다.

재세례파는 중세교회와 당대의 주류 종교개혁이 313년 이후로 정교일치의 기독교세계 체제 아래 있는 한 근본적으로 순전한 교회가 될 수 없다고 믿었습니다. 여기서 재세례파(그리고 이후에 이들의 교회론을 이어받은 침례교회)의 정교분리의 원리(더 정확히는 '국가와 교회의 분리' 원리)가 탄생했습니다. 물론 재세례파는 자신들이 16세기에 새로운 교회론을 만들어낸 것이 아니라, 313년 이전의 순전했던 원래의 초대교회 모델로 돌아갔다고 주장합니다. 이들에게 참된 교회는 국가의 통제와 간섭으로부터 완전히 벗어난, 순전한 신앙양심과 신앙고백을 가진 신자들의 공동체였습니다. 정치와 국가가 개입하면 교회는 반드시 타락한다고 믿었기 때문입니다.

이런 입장에는 장단점이 있습니다. 중세에 교회가 지나치게 정치화되면서 심각한 타락의 길을 간 것을 볼 때, 오직 신자들로만 구성된 이 공동체는 상대적으로 오염되지 않은 순수한 신앙을 유지할 수 있었습니다. 검소하고, 평화적이고, 권력과 세력에 집착하지 않으며, 작은 것에 만족하고, 약한 자를 섬기는 일에 집중하는 공동체의 모범을 보일 수 있었습니다. 실제로 그들은 16세기 이래 핍박 속에서도 절대 평화주의를 지키며, 자신을 박해하는 이들을 끊임없이 참고 견디며 용서의 모범을 보여줬습니다. 이들의 신앙은 고결하고 존경스럽습니다.

그러나 이들의 기독교는 교회와 신앙공동체 안에만 제한되어 있기 때문에, 창조주와 통치자로서 이 세상에 존재하는 모든 것의 주인이 되시는 하나님의 광대하심을 제한합니다. 하나님을 영적 영역에만 가두고, 결국 그들 스스로도 이 세상과는 아무런 상관이 없는 삶을 살게 됩니다. 세상이 하나님이 아닌 사탄에게 속해 있다고 여기며 세상을 포기하기 때문에, 결국 이원론적이고 고립적인 근본주의자로 남을 수 있습니다. 예컨대 오늘날 미국 펜실베이니아 주 랭카스터 지역에 사는 아미쉬(Amish) 교도들이 그런 경향을 띱니다. 17세기에 독일 및 네덜란드 지역에서 살던 그대로 17세기 옷을 입고, 전기와 엔진기관을 거부하기 때문에 호롱불을 켜고 마차를 타고, 허영을 거부한다며 단추 없는 옷만을 입고, 주변 문화와 교육을 타락한 것으로 보기 때문에 모든 공교육을 거부하는 태도가 대표적입니다. 물론 오늘날 재세례파 평화주의자 내에도 세부적인 이슈들에서는 서로 입장이 다르므로, 모두가 똑같다고 일반화시켜서는 안 됩니다.

② 루터파 정치관

루터의 정치관을 학자들은 '두 왕국론'(doctrine of the Two Kingdoms)이라 부릅니다. 이름은 이렇게 붙였지만, 쉽고 명확하게 이해할 수 있는 관점은 아닙니다. 학자들 사이에서도 이 정치관에 대한 해석과 주장이 다르기 때문입니다. 아마도 루터와 루터교인들 스스로도 자신들의 정치관이 어떻다고 명확히 정의하지 못했을 수 있습니다. 정치는 원래 복잡하고, 시대마다 상황과 배경이 늘 변하는 생물과도 같은 것이니까요. 이름 그대로 이것의 핵심은 이 세상에 두 개의 왕국이 있다는 겁니다. 하나는 영적 왕국이고, 다른 하나는 세속(세상) 왕국입니다. 영적 왕국은 하나님의 말씀과 성령의 인도로 운영되는 왕국인데, 교회가 바로 이 왕국의 중심에 있습니다. 반면 세상 왕국은 왕, 제후, 관료와 정치인이 통치하는 왕국으로, 쉽게 말하면 이 세상의 정부를 의미합니다.

기본적으로 이 이론은 교회의 일과 세상의 일이 '구별'되어 있기 때문에, 교회는 영적인 일을, 정부는 세상의 일만을 관장하면서 서로 간섭하지 않아야 한다고 주장하는 것처럼 들립니다. 그러나 여기에 의미를 과도하게 부여해서, 교회에 속한 기독교인은 오직 신앙에만 관여하면서 정치적이고 사회적인 일로 자기 목소리를 내거나 참여해서는 안 된다고 루터가 주장했다고 생각하면 안 됩니다. 루터가 오직 영적인 일만이 하나님의 일이요 거룩한 일이고, 정치와 사회에 속한 세상의 일은 세속의 일이요 거룩하지 않은 일이라는 이원론을 주장한 것도 아닙니다.

오히려 그 반대입니다. 예컨대 루터가 1520년에 쓴 『독일 민족의 기독교인 귀족들에게 고함』이라는 유명한 종교개혁 논문에서 베드로전서 2장 9절을 근거로 주장한 '전 신자 제사장론'을 봅시다. 이 이론은 자주 교회에서나 신학교에서 '만인제사장론'으로 번역되는데, 이는 잘못된 번역입니다. 영어로는 'Priesthood of All Believers'입니다. 'Priesthood of All People'이 아닙니다. 핵심은 그리스도를 믿어 구원받은 모든 신자는 스스로 왕 같은 제사장이기 때문에, 로마 교회의 사제(priest, 제사장)를 통해 세례를 받고, 미사에서 성찬을 받고, 정기적으로 받는 고해성사나 죽기 전에 받는 종부성사를 받지 않아도 된다는 것입니다. 오히려 자신이

제사장인 만큼, 하나님 앞에 스스로 나아가 오직 대제사장이신 그리스도를 통해 직접 하나님과 교제하고, 소통하고, 죄를 고백하고, 용서받을 수 있다는 것입니다.

이런 주장의 요점은 교황, 주교, 사제 같은 '성직자'만 거룩하고, 군주나 영주, 장인, 농부 같은 '평신도'는 세속적이라고 말해서는 안 된다는 겁니다. 오히려 전 신자 제사장론에 의거해, 모든 기독교인은 그가 사제든, 수도사든, 신부든, 정치인이든, 농부든, 주부든, 기술자든 간에 직업과 신분에 상관없이 모두 거룩한 제사장입니다. 그러므로 루터 이후 개신교 신학에 따르면, '성직자'라는 표현이나 '평신도'라는 표현은 모두 사실상 오류입니다. '성직'이 따로 있는 것이 아닙니다. 모두가 성직자인 동시에 모두가 평범한 일반 신도입니다. 이처럼 루터는 영적인 것과 세속적인 것을 이원론적 혹은 이분법적으로 구별해 분리하려고 한 것이 아니라, 오히려 이 둘을 하나로 통합시키려고 노력했습니다. 모두가 영적이며 동시에 모두가 세속적인 겁니다.

그렇다고 해서 루터가 신자 가운데 구별되어 전임으로 말씀 선포와 목양에 힘쓰는 목회자직을 무시하고, 모든 신자가 다 목사라거나 아예 목사직 자체를 폐지하자고 주장한 것은 아닙니다. 루터는 일종의 긴장 관계 속에서, 모든 신자가 '신분상 동등'하다는 원칙과 '기능상 구별'된다는 원칙을 동시에 주장합니다. 즉 목회자나 일반 성도는 모두 그리스도 안에서 위아래의 구별 없이 모두 동등한 기독교인이지만, 기능상 은사와 재능, 전문적 능력이 있는 사람은 선택과 구별을 통해 목회자로 세워져야 한다고 말합니다. 물론 이 경우 그 전문적인 목회자나 설교자는 다른 사람 위에 군림하는 것이 아니라, 다른 사람들의 옆에서 섬기는 종이 되어야 합니다.

이런 긴장 관계가 '두 왕국론'이라는 루터의 정치관에서도 작용합니다. 교회가 하나님께 속한 기관인 것처럼, 정부도 하나님께 속한 기관입니다. 이 두 기관은 '구별'되지만, '분리되어' 서로 '고립된'된 관계는 아닙니다. 영적 기관인 교회의 목사와 신자가 하나님의 손 안에 있는 것처럼, 세속 기관인 정부의 왕과 관원도 하나님의 손 안에 있습니다. 즉 그들은 하나님의 위임을 받아 세상을 대리 통치합니다. 사회의 질서와 안정을 유지하고, 범죄를 억제하고, 억압받는 백성을 보호하고 돌보는 역할을 합니다.

물론 모든 백성이 다 기독교인은 아니고, 정치하는 관원들 중에도 기독교인이 아닌 이들이 있다는 사실을 루터는 잘 알았습니다. 그래서 루터는 성령의 힘과 칼(무력)이나 법의 힘이 동시에 작용해야 한다고 말합니다. 죄인인 인간은 반드시 죄를 향하는 본성을 갖고 있으므로, 영적 왕국인 교회가 말씀과 성령으로 인간의 죄를 제어한다면, 세상의 왕국인 정부는 법과 무력으로 인간의 죄를 억제합니다. 이 두 왕국은 결국 타락한 세상을 향한 하나님의 한 통치의 두 측면, 즉 동전의 양면 혹은 새의 양 날개처럼, 반쪽짜리가 아니라 완전하신 하나님의 속성을 보여주는 현장입니다.

루터가 영적인 왕국과 세상의 왕국을 모두 하나님의 통치 아래 있는 두 왕국이라고 주장한 데는, 무엇보다 그에게 하나님께서 교회뿐만 아니라 모든 창조 영역의 주인이시라는 신앙고백이 있었기 때문입니다. 그러나 또 한편으로는 루터가 종교개혁을 일으킨 지역의 통치자였던 작센의 제후 프리드리히와의 관계도 그의 정치신학을 형성하는 요인이 되었습니다. 아마도 루터는 작센의 제후 프리드리히가 지지하지 않았다면, 꼼짝없이 신성로마제국의 황제나 교황청에서 보낸 군대에게 붙잡혀서 투옥되어 처형당하는 운명을 맞이할 수밖에 없었을 겁니다.

"나는 내가 인용한 성경에 매여 있으며, 내 양심은 하나님 말씀에 사로잡혀 있습니다. 내가 여기 있나이다. 하나님이여, 나를 도우소서, 아멘." 여러분은 이 말을 들어본 적이 있나요? 아마 인용문 전체를 들어본 적은 없어도, "내가 여기 있나이다."(Here I Stand)라는 말은 들어본 적이 있을 겁니다. 이 말은 루터가 보름스에서 열린 제국의회(1521년)에서, 지금까지 그가 주장한 모든 교리가 잘못됐다고 말하고 그 주장을 철회하라는 판결을 받았을 때 했던 유명한 말입니다. 이 말로 이제 처형당하는 일만 남은 루터는 귀갓길에 납치를 당하는데, 사실은 이 납치를 비밀리에 계획한 사람이 바로 프리드리히 제후였습니다.

프리드리히는 루터를 자신이 가진 성들 가운데 가장 적막하고 견고한 바르트부르크성으로 몰래 데려가서, 거기서 마음껏 연구하고 글을 쓸 수 있게 해줍니다. 여기서 루터의 가장 위대한 작품 중 하나인 독일어 신약성경이 탄생했습니다. 종교개혁의 시기는 성경의 언어와 예배 및 설교의 언어로 라틴어가 아닌 각국의 현지 언어가 사용되는 혁명이 일어나는 시기였는데, 루터는 독일인으로서 독일어 성경을 펴낸 첫 인물이라는 영광을 차지합니다. 이 점에서 독일의 루터교 종교개혁은 종교인 루터와 정치인 프리드리히의 합작품이라 할 수 있습니다. 이것이 정치와 종교라는 두 왕국이 '구별'되기는 하지만 '분리'되지 않은 상태로 함께 공동의 선을 위해 동역한다는 사상이 나온 배경입니다.

독일계 미국인 신학자로 예일대학에서 오래 가르친 리처드 니버(Richard Niebuhr, 1894~1962년)라는 사람이 있습니다. 그가 쓴 다수의 저술 가운데서 가장 널리 알려진 것이 1951년에 쓴 『그리스도와 문화』(*Christ and Culture*)라는 책입니다. 이 책에서 니버는 지난 이천 년간의 역사에서 기독교가 자신을 둘러싼 세상 및 문화와 어떤 관계를 맺었는가 하는 기준으로 볼 때, 다섯 가지 모델이 있다고 말합니다. 첫째는 '문화와 대립하는 그리스도'(Christ Against Culture) 모델, 둘째는 '문화에 속한 그리스도'(The Christ of Culture) 모델, 셋째는 '문화 위에 있는 그리스도'(Christ Above Culture) 모델, 넷째는 '문화와 역설 관계에 있는 그리스도'(Christ and Culture in Paradox) 모델, 다섯째는 '문화를 변혁하는 그리스도'(Christ the Transformer of Culture) 모델입니다.

니버는 첫 번째 모델을 대표하는 기독교로, 세상을 버리고 광야나 수도원으로 들어간 초대교회들 일부, 16세기의 재세례파 집단들, 미국 근본주의 교단들을 들고 있으며, 두 번째 모델로는 19세기 개신교 자유주의자들을 듭니다. 세 번째 모델은, 중세 신학을 자연과 은총의 결합이라는 틀로 파악하며 세상이 교회에 복종하는 구조가 타당하다고 주장한 로마교회 최고의 신학자 토마스 아퀴나스(Thomas Aguinas, 1225~1274년)의 사상에서 발견된다고 주장합니다. 다섯 번째 모델인 '개혁' 모델은 개혁파 개신교인인 칼빈과 조나단 에드워즈, 청교도, 그리고 감리교 창시자인 존 웨슬리 등이 주도한 모델이라고 말합니다. 그렇다면 네 번째에 해당하는 '역설' 모델의 대표자는 누구겠습니까? 예, 니버는 '문화와 역설 관계에 있는 그리스도' 모델의 대표자로 루터를 꼽습니다.

니버는 이렇게 루터의 '두 왕국' 이론을 역설의 원리로 이해합니다. 서로 다른 두 개의 왕국, 두 개의 질서가 나란히 존재합니다. 영적 왕국은 산상수훈에서 제시된 사랑의 원칙으로 통치되지만, 세상 왕국은 시민법과 정치 및 군사력으로 통치됩니다. 이 둘은 영원한 긴장관계에 있습니다. 예컨대 산상수훈에서는 오른뺨을 맞으면 왼뺨도 돌려대고, 겉옷을 달라 하면 속옷도 주어야 하는 절대평화, 비폭력, 무저항의 원칙이 제시됩니다. 그러나 국가는 이런 이상적인 윤리를 바탕으로 운영될 수 없습니다. 적국이 쳐들어올 때 저항하지 않으면 나라를 빼앗기고, 무엇보다 기독교 신앙의 자유도 박탈당할 수 있기 때문입니다. 따라서 국가는 성경에 나오는 산상수훈의 법이 아니라, 양심적이고 균형 잡히고 정의로운 세속법에 의거하여 통치될 수밖에 없다는 것입니다.

그런데 이 이론을 잘못 적용하면, 통치받는 백성, 특히 힘 없고 나약한 자들에게는 산상수훈의 윤리가 강요되고, 힘 있는 국가와 권력자들 입장에서 세속법에 근거한 폭력적 강제수단이 정당화될 수 있다는 것이 문제입니다. 루터교는 두 왕국론에 대한 이런 잘못된 해석과 적용 때문에 20세기에 들어와서 큰 곤욕을 치릅니다. 바로 1933년에 독일에서 히틀러가 정권을 잡은 겁니다. 이후 히틀러는 게르만족 우월주의를 바탕으로 독일 전체를 나치즘(Nazism)이라 불리는 전체주의의 국가로 만들었습니다. 이 과정을 독일의 신학자들, 특히 저명한 자유주의 신학자들 일부가 크게 환영했습니다. 이들은 당시 소련을 통해 독일에 들어온 공산주의 무신론을 막는 '영적' 일에 '세속' 정부가 큰 기여를 한다고 생각했습니다. 히틀러를 지지한 자유주의 신학은 니버가 말한 '문화의 그리스도' 모델, 즉 독일 문화와 기독교 신앙이 같거나 혹은 교회가 문화의 지배를 받는 모델의 대표로 분류됩니다.

그래서 '두 왕국'을 혼합하고 정치에 신적 권위를 부여한 루터의 정치신학이 결국 극단적인 상황에서 이런 부작용을 나타낸 것이라며, 루터의 정치신학의 근본 오류를 비판

한 이들도 많았습니다. 말하자면 히틀러마저도 세속 왕국의 수장으로서 하나님의 나라를 이루는 도구라고 생각하게 했다는 겁니다. 사실 이미 16세기의 종교개혁 당시에 부당한 처우에 반발하여 농민혁명을 일으킨 가난한 소작 농민들을 정부와 귀족들이 무력으로 강제 진압하는 일을 루터가 지지한 사례에서, 이미 문제의 소지가 있었다고 생각할 수도 있습니다.

이런 비판이 독일이나 루터교의 바깥에서만 나온 것은 아닙니다. 당대 독일어권 학자들 중에서도 유명한 카를 바르트(Karl Barth)나 디트리히 본회퍼(Dietrich Bonhoeffer), 마르틴 니묄러(Martin Niemöller) 등은 독일 주류교회들의 태도에 반대했습니다. 그래서 교회가 정치와 국가, 주도적 문화규범에 지배받아서는 안 되며, 성경과 그리스도를 근거로 저항의 목소리를 내야한다면서, 고백교회(Bekennende Kirche)를 세우고 활동하기도 했습니다.

③ 개혁파 정치관

이제 종교개혁의 제2세력인 개혁파의 정치관을 살펴봅시다. 이미 언급했듯이, 유럽대륙에서 개혁파 전통은 이 전통의 창시자 츠빙글리가 종교개혁을 시작한 취리히 중심의 독일어권과, 이후 이 종교개혁의 새로운 주역이 된 칼빈의 제네바를 중심으로 전개된 프랑스어권에서의 개혁운동이 있었습니다. 츠빙글리와 칼빈은 교리의 중심 주제들에서는 큰 차이가 없습니다. 그러나 처한 환경이 달랐기 때문에, 그 환경에서 탄생한 이론들은 세부적으로 차이가 있었습니다.

루터파와 개혁파도 공통점이 있습니다. 첫째는 이들이 '관원 협력형' 종교개혁을 했다는 겁니다. 비록 루터는 관원과 정부의 권위와 역할을 개혁파 지도자들보다 더 강조하기는 했지만, 두 진영 모두 재세례파와는 달리 교회가 정치와 완전히 분리되어야 한다는 정교분리주의를 주장하지는 않았습니다. 둘째는 둘 다 관원이 정치를 통해 행사하는 힘은 하나님께서 적극적으로 부여하셨거나, 혹은 소극적으로 허락하신 권위라고 믿었다는 겁니다. 곧 하나님께서는 이 관원들을 대리자로 세우셔서 자신의 권위를 행사하신다는 겁니다. 셋째는 재세례파는 교회나 신자가 공직을 맡거나 관원이 될 경우 부패한다고 믿은 반면, 루터파와 개혁파는 그리스도인이야말로 하나님께서 심장에 새겨주신 양심에 근거하여 법을 세상에서 가장 공정하게 집행할 수 있는 사람들이라 믿었다는 겁니다. 그러므로 정치인이 되는 것이 오히려 권장되고 격려되었습니다.

넷째는 산상수훈의 법이 개인과 집단 모두의 법이 되어야 한다고 믿은 재세례파와는 달리, 루터파와 개혁파는 절대평화, 무저항, 비폭력의 산상수훈 정신은 오직 개인윤리일 뿐이라고 생각했다는 겁니다. 예수님께서도 이 세상에 계실 때 성전에서 물리적인 폭력을 쓰셨고, 대제사장 앞에서 뺨에 맞을 때도 다른 편 뺨을 일부러 돌려대지는 않으셨고, 바리새인들에게 모욕적인 언사를 가하시면서 상당히 과격한 저항을 하셨다는 겁니다. 따라서 에라스무스나 재세례파와는 달리, 루터파나 개혁파는 명분이 옳다면 전쟁에 참여하는 것도 정당하다고 보았습니다. 이렇게 루터파와 개혁파는 공통점이 있지만, 동시에 아래와 같은 차이점들도 있습니다.

울리히 츠빙글리(Ulrich Zwingli)의 취리히 전통

츠빙글리는 루터와 같은 독일어를 사용하는 독일어권 인물이었지만, 루터가 신성로마제국에 속한 제국신민이었다면, 츠빙글리는 독립의식이 충만한 스위스 연방 소속이었습니다. 서론에서도 언급했듯이, 알프스 산악지대에서 살던 스위스 사람들은 기후와 자연환경이 농사를 짓거나 상업에 종사하기에 너무 열악했기에 여유 있는 삶을 살 수 없었습니다. 때문에 당시 스위스 남성들에게 가장 각광받은 직업은 용병이었습니다. 산악지대에 살면서 단련된 체력과 정신력이 최고의 군인을 만들었습니다. 특히 로마의 교황군이 이들을 선호했는데, 당시 스위스 용병들은 교황의 경호부대로 큰 명성을 얻었습니다. 이로써 교황청 용병을 스위스인으로 채우는 관습이 지금도 이어지고 있습니다.

츠빙글리는 인문주의 교육을 받은 후 글라루스 지역의 사제가 되었습니다. 민족주의 정신이 강했던 츠빙글리는 글라루스 출신의 많은 젊은이들이 용병이 되는 것을 보고, 자신도 군종사제가 되어 이들과 함께 교황청을 위해 싸웠습니다. 그런데 1515년에 프랑스군과 맞선 교황군이 대패하면서, 당시 용병이었던 스위스 청년들이 1만 명 이상 사망하는 비극이 일어났습니다. 사실상 일방적인 대학살이나 마찬가지였습니다. 애국심에 불타던 츠빙글리는 난자당한 동족의 비극에 아파하며, 교황청에서든, 프랑스에서든, 제국에서든 어디든 간에 스위스인들이 당하는 부당한 대우에 관심을 갖기 시작했습니다. 이렇게 민족의식에 눈을 뜨고 난 후, 츠빙글리는 에라스무스가 편찬한 그리스어 신약성경과 그 밖의 책들을 읽으면서 종교개혁 신앙을 받아들이기 시작했습니다. 마침 그는 1518년에 취리히 대성당의 사제로 임명되었고,

이때부터 그는 로마교회를 개혁의 대상으로 인식하며 루터와는 결이 다른 자신만의 스위스 종교개혁을 시작했습니다.

츠빙글리가 루터와 정치관이 달랐던 근본적인 이유는, 스위스에는 루터의 독일과는 달리 황제나 왕, 제후 등이 통치하는 절대적인 군주제가 없었기 때문입니다. 당시 스위스는 연방으로서, 칸톤(canton)이라 불린 여러 도시국가들의 집합체였습니다. 이 때문에 루터가 군주제(monarchy)를 따른 것과는 달리, 츠빙글리는 귀족제(aristocracy)를 훨씬 선호했습니다. 츠빙글리는 당시 유럽사회에서 시행할 수 있는 정치체제로 군주제와 귀족제, 민주제(democracy) 세 가지가 있다고 생각했습니다. 이 중 군주제는 권력이 독점되는 체제이기 때문에 군주가 언제든 폭군이 될 가능성이 큰 위험한 제도라고 보았고, 반면 민주제는 힘이 백성 전체에게 주어지기는 하지만 혼란과 무질서를 초래할 수 있다고 보았습니다.

츠빙글리는 귀족제가 군주제의 독재와 민주제의 개인주의 및 혼돈을 막고, 민주제의 대의정치와 군주제의 책임정치를 균형 있게 취하는 바람직한 중용의 길이라 믿었습니다. 따라서 그는 비록 오늘날 말로 직접민주정치와 같은 개념을 거부하긴 했지만, 군주제와 독재도 거부하면서 국민의 정당한 저항권을 옹호했습니다. 즉 기독교인은 왕이나 제후에게 충성을 맹세할 수 있지만, 그보다 궁극의 왕이신 하나님께 순종해야 하기 때문에, 지상의 통치자가 하나님의 말씀 및 양심의 자유를 위반하고 침해하면 당연히 통치자에게 저항해서 그를 폐위시킬 수도, 심지어는 처형시킬 수도 있다고 주장했습니다.

그러나 츠빙글리는 재세례파 가운데 나타났던 급진적 혁명주의자들의 과격주의는 지지하지 않았습니다. 그보다 이런 저항이 주로 선거와 같은 평화적인 수단을 통해 이루어져야 한다고 믿었습니다. 스위스 사람들이 제국의 합스부르크 왕가와 오스트리아 통치자들에게 저항했던 이전의 경험에서 이런 정치관이 정당화되었다고 할 수 있습니다. 이렇듯 개혁파는 신학에서도 한층 보수적인 루터파와 한층 급진적인 재세례파 사이에서 중용의 길을 모색하며, 정치사상에서도 중도를 걸었습니다. 취리히의 시의회는 귀족 대표들의 모임으로, 츠빙글리를 비롯한 교회의 목사들의 조언을 들으며 정치적인 의사를 결정하는 권한이 있었습니다.

그러나 형성되어가던 신학사상과 정치사상이 완숙에 이르기도 전에, 츠빙글리는 전쟁에 휘말리고 맙니다. 취리히에서 시작된 종교개혁이 스위스 연방 전체에 퍼질 것을 염

려한 로마교회 연합군이 취리히를 침공한 것입니다. 츠빙글리는 이로 말미암아 벌어진 카펠전투에서 전사했고(1531년), 이후 취리히 종교개혁은 하인리히 불링거가 이어 받았습니다.

존 칼빈(John Calvin)의 제네바 전통

칼빈이 제네바에서 진행한 종교개혁은 한편으로는 완성된 종교개혁, 한편으로는 미완의 종교개혁이라 할 수 있습니다. 즉 개혁신학의 교리적 체계를 만들고, 예배모범과 설교, 신앙규범을 만들어 교회를 개혁한 측면에서는 개혁을 거의 완성단계에 이르게 했다고 할 수 있습니다. 칼빈 사후에 베자(Theodore Beza)를 비롯해 17세기 개혁신학자들이 세운 개혁파 정통신학 체계는 칼빈신학의 결핍을 채우거나 오류를 수정했다기보다, 칼빈이 정리한 내용을 더 정교하게 다듬은 것이라고 할 수 있습니다. 그만큼 불연속성보다는 연속성이 강하다고 할 수 있습니다. 하지만 칼빈이 권징, 혹은 치리 등의 교회론 및 교회법을 교회의 범위를 넘어서 정치로 확장하고자 했을 때, 그의 이상은 자주 좌절에 부딪혔습니다. 권징, 치리, 파문의 주도권이 누구에게 있느냐 하는 문제를 놓고 시의회와 고통스러운 줄다리기를 해야만 했습니다. 그만큼 그의 정치관은 이상적인 이론을 담고 있었던 반면, 적용된 상황은 지난한 대립과 갈등, 타협으로 점철된 현실이었다는 것입니다.

칼빈이 자신의 관점을 시의회의 관원들에게 설득시키는 데 자주 실패했던 근본 이유는 칼빈이 이방인이었기 때문입니다. 츠빙글리가 스위스인이자 목사, 심지어 군인으로서 취리히에서 훨씬 강한 지지를 받았던 것과는 달리, 칼빈은 종교개혁에 실패하고 결국 로마교회로 남은 조국 프랑스를 등지고 떠난 종교난민이었습니다. 처음에 제네바에 초청받았다가 종교개혁이 지나치다는 이유로 쫓겨난 경험도 있었습니다. 그러다가 혼돈에 빠진 제네바를 구해달라는 요청을 받고 다시 돌아오기는 했지만, 외국인이자 난민인 데다 츠빙글리 같은 강한 체력과 성격의 소유자도 아니었던 칼빈이 제네바 정치를 좌지우지할 수는 없었습니다. 따라서 칼빈의 정치관은 그가 성경과 교부들의 전통, 르네상스 인문주의 법사상에 근거해서 고민하며 이상화시킨 이론이었을 뿐이지, 제네바가 그 이상대로 통치되었다고는 할 수 없습니다. 따라서 칼빈을 제네바에서 교회와 정부를 두 손에 쥐고 흔들며 철권을 휘두른 신정정치 독재자로 묘사하는 것은 정당하지 못합니다.

칼빈의 정치관도 명칭상으로는 루터의 것과 같이 '두 왕국론'으로 지칭할 수 있습니다. 칼빈이 자신의 정치관을 구체적으로 밝힌 책은 『기독교 강요』입니다. 칼빈은 『기독교 강요』를 27세 때인 1536년에 6개의 장으로 이루어진 라틴어 초판으로 쓴 이후, 1559년에 총 4권 80장으로 확장 및 개정하여 최종판을 발간했습니다. 그런데 칼빈이 정치에 관하여 다룬 내용은 마지막 권 마지막 장인 제4권 20장에 나옵니다. 이는 칼빈의 의도가 반영된 것이라고 할 수 있습니다.

『기독교 강요』는 초판에서부터 첫 장을 시작하기 전에 서론으로 헌사를 실었습니다. 이 헌사는 '프랑수아 왕에게 보내는 편지'입니다. 그는 이 책을 통해 당시 프랑스에서 핍박받고 있던 개신교 신앙이, 이단분파가 아니라 왕이 그토록 수호하고 싶어 했던 참된 기독교신앙이라고 설득하고자 했습니다. 즉 『기독교 강요』는 기본적으로 복음을 설명하는 강해서, 변증서, 교리서로 저술되었지만, 우선적인 목적은 정치적이었습니다. 책을 시작한 주제가 정치였으므로, 마지막 장에서도 정치를 다루면서 이 책이 신앙 변증서인 동시에 정치적 함의가 있음을 강조하고 싶었던 것입니다.

『기독교 강요』 제4권 20장에서 설명된 칼빈의 '두 왕국론'이 강조하는 핵심은, 한마디로 하나님께서 두 개의 영역

(왕국)을 동시에 자신의 도구로 사용하신다는 겁니다. 하나님께서 우리를 영적으로 훈련시키고 하나님을 경외하고 경건하게 만드실 때 사용하는 수단은 '교회'입니다. 그러나 사람들이 반드시 지켜야 할 시민으로서의 의무를 수행할 수 있도록 우리를 교육하고 훈련시키는 수단은 교회가 아니라 '정부'입니다. 즉 영적 왕국이 우리 영혼의 삶을 관장한다면, 세속 왕국은 우리의 일상과 현실의 삶을 관장합니다.

때문에 칼빈에게 정부는 교회 및 신앙과 대적하거나 반대편에 서 있는 존재가 아닙니다. 그렇다고 정부가 전적으로 세속의 일만을 주관해야 하고, 교회와 신앙의 문제에는 관심을 두거나 관여해서는 안 된다고 주장하는 것도 아닙니다. 오히려 칼빈의 정치신학에서는 정부와 관원의 역할이 아주 적극적입니다. 바람직한 정부는 예배를 보호하고 촉진하며, 경건한 교리와 교회의 지위를 보장하며, 신자와 시민이 정의롭고 평화로운 행동을 하는 참된 인간이 되도록 도와주어야 합니다(제4권 20장 1~3절).

칼빈은 통치자들이 하나님으로부터 명령과 권위를 받은 이들로서, 지상에서 하나님의 뜻을 대리하는 자들(vicegerents)이라고 아주 분명하게 주장합니다. 이는 하나님의 섭리와 규범에 따른 것입니다. 심지어 칼빈은 국가의 권위가 하나의 소명으로서 하나님 앞에서 거룩하고 정당할 뿐 아니라, 사람이 받을 수 있는 소명 중에서 가장 신성하고 존귀한 것이라고 말합니다. 이들이 하는 역할은 크게 두 가지로, 십계명의 두 돌판에 그 원리가 있습니다. 십계명의 첫 네 계명(첫 돌판)이 하나님에 관한 계명인 것처럼, 관원의 첫 사명은 참된 종교와 경건, 예배가 건전하게 뿌리내리도록 하는 일입니다. 두 번째 돌판(5~10계명)에서 유래한 관원의 두 번째 역할은 악과 악인을 제어하고, 선한 사람에게 상을 내리며, 정의와 공의를 실현하며, 가난한 자를 돌보고, 공공의 질서와 평화를 유지하는 일입니다. 물론 이런 질서를 유지하는 과정에서 정부는 판결이 공정하다면 무력을 사용할 수도 있습니다(제4권 20장 4, 9, 10절).

칼빈은 심지어 세 가지 통치제도, 즉 한 사람이 통치하는 군주제(왕정), 소수가 통치하는 귀족제, 대중이 통치하는 민주제 중에서 가장 바람직한 정치체제가 무엇인지도 구체적으로 제시했습니다. 군주제는 쉽게 폭정으로 전락할 수 있고, 소수의 통치(귀족제)는 당파정치가 될 수 있고, 대중의 정치(민주제)는 폭동으로 이어질 수 있습니다. 그러므로 균형이 필요한데, 칼빈은 이 중 민주정치에 근접한 귀족정치, 혹은 귀족정치와 민주정치를 혼합한 체제가 제일 나은 제도라고 말합니다. 한 사람보다는 여러 사람의 지혜를 모으며, 한 사람의 결점을 다른 사람들의 지혜로 보완하고 억제할 수 있기 때문이라는 겁니다(제4권 20장 8절). 21세기를 살아가는 우리로서는, 시민이 선거를 통해서 소수의 대표자들을 의회로 보내 간접적으로 민주정치를 실천하게 하는 오늘날의 대의민주주의(혹은 의회민주주의)를 생각하면 이해하기 쉽습니다.

칼빈은 통치자의 권한과 책임을 이런 식으로 해설한 다음, 통치를 받는 백성의 의무를 기술합니다. 백성의 일차 의무는 복종입니다. 하나님께서 통치자에게 통치권을 위임하셨기 때문입니다. 따라서 백성이 군주나 통치자에게 복종하는 것은 당연합니다. 그런데 여기서 의문이 생길 수 있습니다. 즉 만약 그 통치자가 정의롭고 공정하고 유능하지 못하고, 오히려 불의하고 악하고 부패하고 전횡을 휘두른다면 어떻게 해야 할까요?

놀랍게도 칼빈은 이 경우에도 이들에게 복종해야 한다고 말합니다. 비록 이들이 악할지라도 그 권위가 하나님으로부터 온 것이 분명하기 때문이라는 겁니다. 심지어 칼빈은 하나님께서 이런 불의하고 사악하고 무능한 통치자들을 세우신 이유는 백성들의 사악함을 벌하기 위함이라고도 말합니다. 그러면 이들의 사악함을 그냥 두고 보면서 핍박을 견디고 있어야 할까요? 이 경우에도 답은 같습니다. 통치자의 악이 도를 넘어설 때에라도 그를 벌하고 제어하는 것은 백성의 몫이 아니라 그를 세우신 하나님의 몫이라고 칼빈은 말합니다(제4권 20장 22~30절).

그런데 칼빈의 이런 논리는 의문을 자아냅니다. 그러면 모든 상황에서 백성은 아무런 저항도 없이 입을 다물고 견디면서 무조건적인 복종만 해야 할까요? 이 경우 칼빈은 두 가지 제한되지만 합법적인 저항 수단을 제시합니다. 첫째는 악한 독재자의 횡포를 억제하는 역할을 하는 백성들의 관원들이 있다면, 그들이 독재자의 악행을 저지할 적임자라는 겁니다. 예컨대 로마시대의 호민관이 그런 역할을 한 것처럼, 최고위 통치자가 악할 때면 백성의 의견을 직접 들을 수 있는 중간 단계의 관원들이 최고위 통치자들을 제어하는 역할을 해야 한다는 겁니다(제4권 20장 31절).

둘째는, 아마도 이것이 더 중요한 내용일 텐데, 백성이 통치자에게 순종하지 않아도 되는 상황이 한 가지 있습니다. 그것은 모든 기독교 세계의 백성은 가장 높은 통치자이신 하나님과 지상의 통치자 둘에게 동시에 복종해야 하는데, 지상의 통치자가 하나님을 거스르는 악행을 하거나 그것을

명한다면, 당연히 하나님의 뜻에 복종하고 지상의 통치자에게는 복종하지 않아야 한다는 겁니다. 대표적으로 지상의 통치자가 바른 교리와 예배, 경건을 핍박하거나 반대하는 경우입니다(제4권 20장 32절).

이상이 칼빈이 직접 밝힌 '두 왕국론'의 정치신학입니다. 이 같은 칼빈의 신학에는 갈등과 모순이 있습니다. 칼빈은 한편으로 통치자들에 대한 절대복종을 요구하는 것처럼 보이기에, 어떤 이들은 칼빈을 지독한 보수주의자이자 반혁명의 주창자라고 생각합니다. 또 바로 위에서 밝힌 것처럼, 하나님에 대한 순종을 관원에 대한 순종 위에 두고 불복종이 가능하다고 주장했기에, 칼빈을 따르는 어떤 이들은 강력한 저항사상에 근거한 혁명 사상을 발전시키기도 했습니다. 중요한 것은 칼빈의 정치관이 성경으로부터 원리를 끌어오기는 했지만, 그 역시 16세기 스위스 제네바라는 시공간을 배경으로 정치사상을 발전시켰다는 것입니다.

칼빈은 『기독교 강요』를 프랑수아 왕에게 헌정하면서, 개신교인들이 왕권을 전복하려고 시도하는 혁명주의자라는 부당한 오해를 바로잡고 싶다고 밝혔습니다. 참된 프랑스 개신교인은 철저히 왕에게 복종하는 충성스러운 신민이고, 또한 하나님의 말씀에도 순종하는 참된 기독교인이라고 주장했습니다. 여기서 칼빈은 개혁파 신자는 바른 통치자와 바른 교회에 동시에 순종해야 한다는 원칙을 확정했습니다. 마찬가지로 생애 후기에 제네바에서 목회하면서, 이미 어느 정도 종교개혁이 완성된 수준에 이른 제네바의 백성들은 기독교인 관원들에게 복종해야 한다고 주장했습니다.

물론 그 복종은 이중적입니다. 관원들은 하나님의 명령에 복종하는 대리자로서 백성을 다스려야 하고, 백성은 그런 관원들에게 복종해야 합니다. 따라서 정부와 교회, 관원과 목회자는 참된 기독교 국가와 참된 기독교회를 동시에 세우고 강화하는 동역자입니다. 육체가 영혼의 유익을 위해 존재해야 하는 것처럼, 정부는 교회가 참된 교리와 질서를 세우는 일을 뒷받침해야 하며, 교회는 그런 선한 정부에 협력하며 복종해야 합니다. 이 두 역할은 모두 하나님의 일이며, 따라서 선하고 거룩합니다. 이런 점에서 칼빈은 균형과 절제, 온건함으로 대표되는 정치이론을 세우려고 했다고 할 수 있습니다.

칼빈 이후 개혁파 정치사상: 인권, 관용, 종교 선택의 자유

칼빈이 『기독교 강요』에서 교회와 국가가 적극적인 상호 협력 아래 참된 기독교 국가를 형성해야 한다고 주장한 이후, 칼빈의 후계자라 할 수 있는 개혁신학자들이 기독교 정치사상을 다양한 주제와 유형으로 발전시킵니다. 여기에는 인권, 관용, 종교 선택의 자유 등이 포함됩니다.

미국 에모리대학교에서 가르치는 법 역사학자 존 위티 주니어(John Witte Jr.)는 2007년에 쓴 『권리와 자유의 역사: 칼빈에서 애덤스까지 인권과 종교 자유를 향한 진보』에서, 정치이론에서 가장 중요한 '권리'라는 주제가 칼빈주의 개혁파 전통에서 각 시대의 상황에 맞게 크게 발전해왔다고 주장했습니다. 또한 서양에서 여러 세속 혁명과 계몽주의의 등장으로 전통적인 종교적 정치이론이 도전받을 때마다, 칼빈의 가르침을 당대의 상황에 맞게 적용하고 새로운 이론을 제시한 이들이 있었다고 말합니다. 대표적인 인물들로는 칼빈의 후계자인 데오도르 베자(Theodore Beza, 1519~1605년), 독일 출신으로 네덜란드에서 활동한 요하네스 알투지우스(Johannes Althusius, 1557~1638년), 『실낙원』을 쓴 잉글랜드 사상가 존 밀턴(John Milton, 1608~1674년), 영국의 북미 식민지 시대 뉴잉글랜드 청교도(New England Puritan) 대표자들, 그리고 미국 독립 초기 사상가이자 2대 대통령인 존 애덤스(John Adams, 1735~1826년)가 있습니다.

이제 위티의 설명을 따라 인권, 관용, 종교의 자유라는 주제가 어떻게 칼빈 전통 개혁파의 유산이 될 수 있었는지를 살펴보겠습니다(각 단락의 끝에는 번역된 위티의 책에서 그 내용이 나오는 쪽을 밝혔으니, 보다 자세한 내용에 관심이 있는 사람들은 그 책을 찾아보시기 바랍니다).

이미 언급했듯이, 칼빈의 정치신학은 한편으로는 극단적인 보수 반동, 즉 전체주의적 독재의 영감이 될 수도, 반대로 진보적인 혁명주의자들의 안식처가 될 수도 있습니다. 비록 악한 독재자라 할지라도 그가 정치적 권위를 하나님께서 허용하신 것이기 때문에 절대복종해야 한다고 주장한 내용을 보면, 칼빈은 독재를 용인하며 백성의 저항의 권리와 자유를 전혀 인정하지 않는 것처럼 느껴집니다. 그러나 칼빈에 따르면 그 통치자가 하나님의 법을 위반하는 인물이라면, 신자에게는 지상의 주권자보다 천상의 주권자가 우선순위에 있기 때문에 통치자에게 불복종하고 저항할 수 있습니다. 이 같은 두 번째 내용에 영감을 얻은 이들은 저항권 사상을 발전시킬 수 있었던 겁니다.

그렇다면 정확히 어느 쪽이 칼빈의 입장에 더 가깝겠습니까? 위티는 이 두 요소가 공히 칼빈과 칼빈주의에 공존한다는 사실을 인정하고 논의를 시작해야 한다고 말합니다. 그러나 비록 제어장치가 있었다고는 하더라도, 칼빈의 정치이론이 인권 및 자유, 관용 사상 발전의 시작점이라는 것은 분명합니다(위티, 19~20쪽).

우선 위티는 초기 칼빈 및 칼빈주의 개혁파의 정치신학에서 논의된 '신앙 양심의 자유'라는 개념이 현대 인권 사상의 어머니였다고 주장합니다. 종교개혁 당시 개혁자들은 소수파였기 때문에, 이들은 정부와 로마교회의 탄압을 피할 수 있는 법적 권리를 보장받아야 신앙의 자유를 누릴 수 있었습니다. 그래서 양심에 따른 신앙, 집회, 예배, 전도, 교육, 자녀 양육, 여행, 구제사업, 출판, 결사(단체 조직), 계약의 자유를 보장받는 법적 투쟁을 벌였습니다. 칼빈은 신학자였지만 먼저 법을 전공했기에, 당시로서는 획기적인 법, 종교, 인권 이론을 발전시켰습니다.

초기에 칼빈은 루터가 전개한 전 신자 제사장론에 근거한 각 개인 신자의 자유 이론을 발전시켰습니다. 각 신자가 성직자의 절대 권력에서 자유를 얻는 것처럼 각 지역교회가 세속정치권력과 중앙집권적 교회(여기서는 로마교회)권력의 지배에서 벗어나, 자신들이 무엇을 믿을지 스스로 결정할 수 있는 자유를 얻어야 한다고 주장했습니다. 놀랍게도 그는 당시 기독교만이 종교로 인정받던 서유럽 상황에서, 로마교회와 동방정교회와 개신교뿐만 아니라, 유대교, 심지어 이슬람교를 믿는 사람이나 공동체까지도 그런 신앙의 자유를 누릴 수 있어야 한다고 주장했습니다. 칼빈이 당시로서는 급진적이었던 이런 개인 양심의 자유 이론을 제시한 것이, 후에 유럽과 북미 등 서양 여러 나라에서 헌법에 신앙 양심의 자유를 기본권이자 인권의 기초로 삽입하게 되는 계기가 되었습니다(위티, 21~23쪽).

칼빈은 이런 신앙 양심의 자유가 모든 시민들에게 제대로 보장되기 위해서는 교회와 국가의 협력이 중요하고, 좋은 법이 제정되고 집행되어야 한다고 믿었습니다. 칼빈의 가장 큰 공헌은 이렇게 국가와 교회가 협력하는 모델을 제시하면서 정치관과 조직신학 안의 교회론을 따로 구분시켜 다루지 않고, 이들을 하나의 이론적 틀로 조합한 것입니다. 이 통합적 교회론의 핵심 주제 세 가지는 다음과 같습니다.

첫째로, 교회 안에서도 법에 의한 질서와 통치가 중요하다는 겁니다. 오늘날 한국의 모든 장로교 교단들에는 교단의 헌법이 있습니다. 이는 칼빈이 강조한 대로, 교회 내에서도 국가에서와 마찬가지로 신앙과 교회생활의 모든 원칙과 행동은 신자 공동체 전반이 동의하고 합의한 합리적 원칙인 법의 지배 아래 있어야 한다는 겁니다. 어느 한 사람의 개인적인 판단과 권력이 교회 전체를 좌우해서도 안 되고, 중구

난방에 주먹구구식으로 교회와 교단이 운영되어서도 안 된다는 원칙을 정한 겁니다. 둘째로, 교회 안에서도 민주주의적 방식에 의한 질서가 자리를 잡아야 한다고 주장했습니다. 교회의 직분자는 공동의회, 제직회, 당회 등에서 선거로 선출되어야 하고, 노회장과 총회장 같은 지역교회와 교단의 대표도 당연히 투표로 선출되어야 했습니다. 셋째로, 교회 안에서 모든 신자는 자유를 누려야 했습니다. 그 교회의 교인이 될 것인지 아닌지, 누구를 대표로 뽑을 것인지 등에 대해 자신의 자유로운 양심적 견해에 따라 행동하는 자유를 보장받아야 했습니다.

물론 이 같은 세 가지 원칙이 칼빈의 시대에나 그 이후 개혁파 시대에 완벽하게 지켜졌다고 말하기는 어렵습니다. 그러나 장로교의 정치원리는 성경에 대한 해석과 당대 인문주의적 민주주의의 법 정치 원리로부터 도출되었습니다. 현실은 이상에 턱없이 부합하지 못하는 경우가 많지만, 어쨌든 이런 원칙이 세워졌기 때문에, 이후의 개혁파의 정치이론이 교회와 시민사회에서 더 발전할 수 있는 기반이 마련된 것입니다(위티, 22~27쪽).

칼빈을 이어 신자의 양심과 자유, 저항이론을 더 정교하게 다듬은 인물은 1564년에 칼빈이 죽은 뒤 제네바를 이끈 베자였습니다. 베자가 칼빈의 사상을 재검토하며 개혁파의 정치이론을 자신만의 방식으로 재정립하게 된 결정적인 사건이 있었습니다. 이는 칼빈이 죽은 뒤 8년이 지난 1572년에 프랑스에서 일어난 성 바르톨로메오 날의 대학살 사건입니다. 이 사건은 프랑스 개혁파인 위그노 교도 수만 명이 약 한 달에 걸쳐 로마교회 군인과 당국에게 학살당한 사건입니다. 이미 살펴본 것처럼, 칼빈은 비록 통치자가 사악할지라도 그 통치자의 권력은 하나님께로부터 온 것이므로 복종하며 인내해야 한다고 가르쳤습니다. 하지만 그렇다면 통치자가 참된 기독교인 개혁파 신앙을 억압하고 이 신앙을 믿는 이들을 한두 사람도 아니고 대규모로 학살한다 해도, 아무런 저항과 반란을 일으킬 수 없다는 걸까요?

그런데 1572년 이후의 상황은 칼빈이 살았던 1500년대 초중반의 상황과는 너무나 달랐습니다. 베자는 칼빈과는 다른 상황에서 프랑스 및 여러 지역에서 고군분투하는 개혁파 신자들에게 취해야 할 행동의 방향을 제시해주어야 했습니다. 여기서 베자의 저항권 사상이 등장합니다(위티, 27~28쪽). 베자는 통치자와 백성과의 관계는 일종의 계약(언약) 관계로서, 이 관계는 재판관이신 하나님 앞에서 맺은 관계라고 선언했습니다. 따라서 쌍방이 모두 이 계약에 신실해야 했습니다. 통치자는 하나님께서 자신들에게 주신 권력을 사용하되, 법에 따라 통치하며 백성들의 권리를 보호해야 했습니다. 백성은 그런 신실한 통치자의 통치에 순종하며, 함께 더 나은 공동체를 만들기 위해 힘써야 했습니다.

그런데 계약의 당사자인 통치자가 그 계약을 어기고 백성을 폭압하는 경우에, 베자는 이들을 기소하거나 처벌하고, 심지어 혁명을 일으켜 그를 사형에 처할 수도 있다고 주장했습니다. 기본적으로는 칼빈이 한 이야기를 반복한 것이지만, 여기서 베자는 백성이 저항권을 행사할 정당성과 권한을 더 적극적으로 지지했다고 할 수 있습니다. 베자는 이어서 더 구체적으로 정확히 어떤 상황이 저항권을 적극적으로 행사할 수 있는 상황인지를 기술합니다. 먼저, 하나님의 명시적인 법인 '십계명'에 나오는 기독교인의 핵심 의무인 하나님을 예배할 권리, 우상숭배를 금할 권리, 안식일을 지킬 권리, 가정과 결혼과 부모에 효도할 권리를 보장받기 힘든 상황을 만드는 통치자에게는 저항할 수 있습니다. 또한 모든 이들의 양심에 새겨진 '자연법'의 권리인 신앙의 자유, 교육과 교회정치, 이주, 집회와 결사(단체 조직), 출판의 자유, 결혼과 이혼의 자유, 사적인 계약의 자유를 억압받을 때에도 역시 저항권을 발동할 수 있다고 보았습니다(위티,

28~30쪽).

베자가 1605년에 사망했고, 이후 17세기는 개혁파 신학이 여러 다양한 주제들에서 훨씬 더 정교하게 체계화되며 다양해지는 시기가 되었습니다. 이 시기에는 특히 잉글랜드, 스코틀랜드, 네덜란드, 뉴잉글랜드 등의 개혁교회, 장로교회, 청교도 회중교회 지역에서 개혁파 정치이론이 다양한 형태로 발전하고 실험되었습니다. 위티는 이 중 스페인의 압제에서 벗어나기 위해 독립운동을 일으킨 네덜란드 개혁파의 정치 활동이 주목할 만하다고 지적합니다. 당시 독립국가가 아니었던 네덜란드는 스페인 필리페 2세의 지배를 받았는데, 필리페 2세는 철저한 로마교회 신자였습니다. 네덜란드인의 정치적 독립과 개신교 신앙의 확산을 모두 꺼렸던 필리페 2세는 세금과 상업규제, 강제 군사 차출, 이단재판소 설치, 사유지 압류 등으로 이들을 핍박했습니다.

이때 1560년대부터 전개된 독립전쟁을 이끈 영웅을 이미 앞에서 이야기했습니다. 바로 오라녜의 빌럼(오렌지공 윌리엄)이었습니다. 빌럼과 이후의 네덜란드 지도자들은 칼빈주의 사상에 영향을 받았기 때문에, 독립전쟁 기간과 독립을 쟁취한 이후에 칼빈주의 사상에 입각해서 독립선언서와 헌법, 기타 법률 문서들을 작성했습니다. 이 과정에서 가장 영향력 있는 정치사상을 마련한 인물이 독일 출신의 요하네스 알투지우스(Johannes Althusius, 1563~1638년)였습니다(위티, 31쪽).

알투지우스는 칼빈 및 베자와 마찬가지로, 통치자와 백성 간의 관계는 일종의 계약관계이며 이 계약의 기반은 십계명의 법과 자연법이라는 데 동의했습니다. 또한 베자와 마찬가지로 이 계약을 통치자가 일방적으로 위반할 때에는 저항권을 행사할 수 있다는 데도 동의했습니다. 그러나 알투지우스는 여기서 한 걸음 더 나갔습니다. 즉 인간 한 사람 한 사람은 하나님의 형상으로 창조되었기에, 이 형상의 내용으로 각 사람이 가진 인민주권(popular sovereign, 대중주권)은 하나님의 주권이 반영된 것이라 주장했습니다. 그에 따르면 이렇게 각각 하나님의 주권의 거울과도 같은 인민주권을 가진 시민이 양심의 자유와 신앙의 자유를 가지는 것은, 하나님의 주권의 절대성만큼이나 절대적인 사실이었습니다.

알투지우스는 특히 이 언약이론을 공동체적 사회이론으로 확장시켜서, 인간이 가진 하나님의 형상 안에는 다른 이들과의 관계라는 사회적 요소가 있기 때문에 인간은 혼자 살 수 없고, 다른 이들과 영혼, 정신, 물질을 공유하는 공생적 관계를 통해서 가장 인간다워질 수 있다고 보았습니다. 이렇게 형성된 공동체가 바로 가정, 마을, 교회, 시, 주, 국가 등입니다. 이것이 바로 알투지우스의 기독교 사회계약론의 핵심이었습니다. 이렇게 알투지우스가 17세기 초반에 정리한 개혁파 사회계약론은, 이후 거의 모든 서양 국가들이 수용하게 되는 민주적 입헌주의와 인권 및 자유사상의 기초가 되었습니다(위티, 32~34쪽).

이제 유럽대륙에서 꽃핀 개혁파 정치 및 사회사상이 바다 건너 영국과 더 멀리 영국의 아메리카 식민지에서는 어떻게 발전하는지 살펴봅시다. 다른 곳에서와 마찬가지로 잉글랜드에서도, 개혁파 정치사상이 독특한 형식으로 발전하는 데 가장 큰 영향을 끼친 것은 당시의 정치 상황이었습니다. 1642년에는 흔히 청교도 혁명이라 불리는 잉글랜드 내전(English Civil War)이 일어났습니다. 당시 잉글랜드 왕 찰스 1세는 수장령에 근거하여 왕을 수장으로 하던 성공회를 백성에게 강요했는데, 개혁파 신앙을 가진 장로교인과 청교도 회중교인들은 이를 일종의 독재이자 폭압이라 여겼습니다. 또한 귀족 및 의회의 정치인들은 그들 나름대로 왕이 의회 위에서 권력을 휘두르려 하고 과도한 세금을 걷어들인다며 반발했습니다.

이에 왕을 지지하던 왕당파와 의회를 지지하던 의회파가 싸우는 내전이 벌어졌는데, 이 내전에서 의회파가 승리를 거두었습니다. 의회파의 승리로 왕권은 폐지되었고, 찰스 1세는 왕위를 박탈당하고 처형되었습니다. 또한 왕국은 공화국으로 바뀌었고, 성공회는 국교의 지위를 박탈당했습니다. 그리고 청교도 독립파인 올리버 크롬웰이 호국경이 되어 공화국을 지배하는 새로운 세상이 되었습니다. 당시 칼빈주의자였던 장로교인들과 청교도들은 대부분 의회파를 지지했습니다.

그러나 1658년에 크롬웰이 사망하자, 프랑스에 도망가 있던 찰스 2세가 1660년에 잉글랜드로 돌아와 다시 정권을 장악했습니다. 그래서 성공회가 다시 국교가 되었고, 혁명 이전처럼 왕권이 다시 강화되었습니다. 1685년에는 찰스 2세를 이어 그의 동생 제임스 2세가 왕이 되었습니다. 그런데 이 왕은 개혁파인 장로교나 청교도는 말할 것도 없고, 심지어 성공회까지 무시하고 로마교회를 다시 잉글랜드와 스코틀랜드에 도입하려 했습니다.

그러자 다시 의회를 중심으로 혁명이 일어나 제임스 2세가 폐위되었고, 그의 딸과 사위가 왕위를 동시에 물려받아 메리 2세와 윌리엄 3세가 되었습니다. 그런데 이때에는 왕을 처형하여 피를 흘리지 않고 정권이 비교적 평화적으로 교체되었기에, 이 혁명을 명예혁명(Glorious Revolution, 1688년)이라고 부릅니다. 이 혁명을 통해 여러 핵심적 민주주의 권리들이 허용된 권리장전(1689년)이 선포되었고, 모든 개신교 교파가 자유롭게 신앙을 가질 수 있다고 허락하는 관용령(1689년)이 영국 전역에 시행되었습니다(위티, 34~35쪽).

이 같은 17세기 잉글랜드의 내전기에 의회 중심의 민주주의 사상의 틀을 제공한 다수의 사람들이 개혁파인 칼빈주의자였습니다. 그중 가장 두드러진 인물이 시인이자 정치학자인 청교도 존 밀턴입니다. 밀턴도 칼빈과 베자의 주장대로, 하나님의 형상으로 창조된 인간의 마음과 생각과 양심에는 하나님의 법이 새겨져 있으며 이 법은 십계명에서 명시된 법이라고 주장했습니다. 또한 이런 십계명과 자연법에 근거해 사람들은 서로 사회적 상호계약을 맺는 것이고, 여기에 정부(통치자)와 국민 간의 상호계약도 포함된다고 보았습니다. 때문에 통치자가 이 계약에 충실하지 않고 폭군과 독재자가 될 경우 투표, 대화, 설득이라는 평화적인 방법을 통해서든, 반란이나 시해, 혁명 등의 폭력적인 방식을 통해서든 저항할 수 있다고 했습니다.

밀턴의 사상에서 새롭고 중요한 것은, 그가 하나님께서 모든 개인을 선지자와 제사장, 왕으로 부르셨으므로, 이들 모두가 가정과 사회, 국가와 교회에서 자기 이야기를 할 수 있는 권리를 가졌다고 본 것이었습니다. 여기서 중요한 것이 '모두'입니다. 칼빈이나 베자 등은 모든 인간이 하나님의 형상으로 만들어졌다고 생각하기는 했지만, 실제로 정치적 주체가 될 수 있는 이들은 '모두'라기보다는 선택된 소수라는 지극히 현실적인 결론을 내렸습니다. 두 사람은 민주주의를 가치있게 여기기는 했지만 대중의 무지와 과도한 자유로 인한 무질서를 원하지 않았기에, 엘리트 소수에 의한 귀족정치가 더 합리적인 방식이라고 믿었습니다(위티, 37~38쪽).

그러나 밀턴은 여기서 더 나아갔습니다. 그의 사상은 기독교 대중주의(Christian Populism, 기독교 인민주의)에 가깝습니다. 심지어 그는 이전 개혁자들이 공통으로 주장했던 양심, 신앙, 예배, 집회, 결사, 출판의 자유뿐 아니라, 이를 더 확장해서 모든 개인이 어떤 신앙이든지 마음대로 믿어도 처벌받지 않는 법적 자유까지 주장했습니다. 이 때문에 그는 결국 국교를 폐지하고 교회와 국가를 분리해야 한다고 주장하기까지 했습니다. 오늘날에는 당연한 권리로 생각되지만, 당시 유럽 배경에서 이런 사상은 극히 혁명적인 것이었습니다. 당시 이런 주장을 했던 이들은 정교분리를 처음부터 주장한 재세례파나, 청교도 회중교회 신자 중에서 재세례 신앙을 받아들인 이들이 탄생시킨 침례교도, 그리고 모든 교회 조직을 부인하는 퀘이커교도 정도밖에는 없었기 때문입니다.

따라서 밀턴은 이런 개혁을 이루기 위해서는 또 한 번의 종교개혁, 즉 제2의 개혁이 필요하다고 믿었습니다. 물론 이런 사상이 당시 상황에서는 아주 급진적이었기 때문에, 영국 시민사회나 칼빈주의 교회들은 밀턴을 위험한 인물로 보고 백안시하기도 했습니다. 같은 이유로 오늘날에도 어떤 사람은 밀턴을 청교도로, 어떤 사람은 자유주의자로 묘사합니다(위티, 38~39쪽, 434~441쪽).

17, 18세기에는 유럽 대륙과 영국에서 발전된 개혁파 정치사상의 영향이 영국의 아메리카 식민지인 뉴잉글랜드로도 확장됩니다. 잉글랜드에서 신앙 양심에 따라 자유롭게 신앙생활을 하는 것이 어렵다고 판단한 청교도 집단 일부가, 1620년대부터 북미 식민지로 이주해서 뉴잉글랜드 공동체를 건설했습니다. 성공회와 영국정치의 간섭에서 상대적으로 자유롭던 이들은, 개혁파 사상가들이 잉글랜드에서 이론으로 제시했으나 실제로 적용하지는 못했던 사상들을 자

기 공동체에서 실험하기 시작했습니다. 이런 실험의 결과로 탄생한 것이 다양한 지역별 뉴잉글랜드 헌장들입니다.

이 헌장들은 나중에 미국의 헌법과 교회법들에 다양하게 반영되었습니다. 예컨대 너새니얼 워드(Nathaniel Ward)가 쓴 『자유본체』(*Body of Liberty*, 1641년)는 당시 뉴잉글랜드 매사추세츠만 식민지 주민을 위해 그들이 보장받아야 하는 권리를 설명한 책이었습니다. 여기서 워드는 칼빈과 베자, 알투지우스, 밀턴이 주장한 공통의 권리에 더하여, 거의 역사상 최초로 여성과 아이들의 권리, 심지어 동물 보호에 대한 내용까지도 담았습니다.

뉴잉글랜드 식민지 당국에서 실행된 정치는 약 150년 뒤 독립선언(1776년) 이후에 탄생한 신생 공화국 미국이 정의하고 실천한 민주주의의 요체를 거의 그대로 담고 있었습니다. 죄로 타락한 인간은 반드시 부패하므로, 견제 없는 독재 권력도 반드시 부패하기 마련입니다. 그러므로 국가 권력은 행정부, 입법부, 사법부로 분산되어야 합니다. 관료는 혈통을 따라 세습되지 않으며, 선거를 통해 국민이 선출해야 하는데, 여기에는 국가의 수장도 예외가 없습니다. 대통령부터 말단 공무원까지 세습 없이 정당한 절차를 통해 합의 아래 관원이 됩니다. 관원들의 권리와 의무는 언제나 성문화된 법에 규정된 대로 시행되어야 하며, 이를 거부할 경우 백성들은 혁명을 일으킬 수도, 그 관원을 살해할 수도 있습니다. 이것이 백성들의 정당한 권리이기 때문입니다(위티, 39~42쪽).

이런 전통에 따라 오늘날도 미국 뉴잉글랜드 지방의 중심인 매사추세츠 주정부는 자신들을 매사추세츠 연방(Commonwealth of Massachusetts)이라고 표기합니다. 이는 청교도 혁명 후 크롬웰 통치기에 잉글랜드가 사용한 공화국 체제(Commonwealth of England)를 일컫는 표현

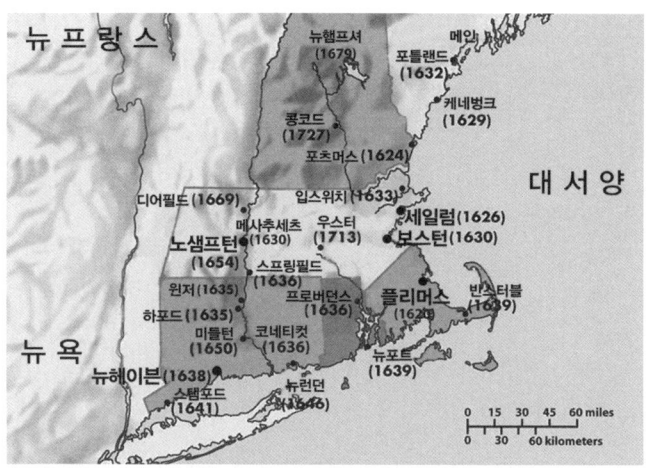

[그림 6] 1620년 이후 형성된 뉴잉글랜드 청교도 공동체와 각 도시의 건설 연대를 보여주는 지도. 플리머스(Plymouth, 1620), 세일럼(Salem, 1626), 보스턴(Boston, 1630)이 가장 중요한 도시였고, 보스턴 북부에 세워진 하버드대학에 이어 청교도 신학과 학문의 전당이 된 예일대가 있는 뉴헤이븐(New Haven, 1638)과 조나단 에드워즈가 활동한 노샘프턴(Northampton, 1654)도 이후 중요한 도시가 되었다.

에서 유래된 것입니다. 그만큼 매사추세츠 사람들은 자신들이 독재적 왕국이 아니라, 견제와 균형에 근거한 민주주의적 연방 공화국의 유산이 시작된 지역의 시민임을 자랑스러워함을 알 수 있습니다.

위티는 개혁파 칼빈주의 정치관과 권리사상이 가장 완성된 형태로 근대 국가의 형성에 영향을 준 마지막 사례로, 존 애덤스(John Adams)의 사상과 정치를 꼽습니다. 애덤스는 매사추세츠 청교도의 유산을 계승한 집안 출신으로, 미국혁명을 이끌고 미국을 건설한 건국선조 중 한 사람입니다. 그는 매사추세츠에서 법조인으로 활약하다가, 토머스 제퍼슨(Thomas Jafferson)과 함께 미국 독립선언서를 작성하기도 했습니다. 미국 초대 부통령(1789~1797년)으로서 초대 대통령 조지 워싱턴을 보좌하다가, 워싱턴에 이어 제2대 대통령(1797~1801년)이 되기도 했습니다.

애덤스가 칼빈주의 정치 및 권리 사상을 미국 정치에 적용한 가장 훌륭한 사례는, 1780년에 그가 작성한 매사추세츠 헌법에 나오는 보다 관용적인 종교의 자유 규정이었습니다. 이로써 종교의 자유는 가장 먼저 보호해야 할 첫 번째 권리가 되었습니다. 즉 양심과 종교의 권리는 '부정할 수 없고, 양도할 수 없으며, 파기할 수 없는 신성한 것'이므로, 우리는

'양심을 자유롭게' 하는 것에서 시작해야 한다는 것이었습니다. 또한 그는 이 헌법을 이전의 개혁파 사상가들이 그랬던 것처럼, 백성과 하나님 사이의 언약(covenant) 혹은 서약(compact)이라고 표현하며 신성한 가치를 강조했습니다.

그리고 그는 이전의 어떤 국가에서도 시행된 적이 없는 절차 하나를 추가합니다. 즉 매사추세츠의 모든 공직자들은 공직에 임명받을 때, 이 헌법을 시민의 대표들 앞에서 공식적으로 선언하는 의식을 행하도록 의무화한 것입니다. 이렇듯 새롭게 민주주의 공화제 국가로 탄생한 미국에서는 '양심의 자유와 권리'라는 사상이 비중 있는 자리를 차지하게 되었습니다(위티, 467~470쪽, 482~483쪽).

지금까지 인용한 위티의 책이 가장 크게 공헌한 것은, 일반 세속 역사가나 대중의 인상에서 언제나 독재와 신정주의라는 그늘이 드리운 듯 오해받는 개혁파 신학과 칼빈주의의 정치 및 사회유산에 대한 선입견을 교정하고, 밝은 면을 끄집어 낸 것이라 할 수 있습니다. 많은 사람들이 당연히 칼빈의 제네바를 신정정치가 지배하는 강요된 세계이자, 주입된 사상과 교리 이외의 다른 것을 생각하거나 말하는 이들을 가차 없이 처벌하는 전체주의적 사회라 생각합니다. 반면 오늘날 우리가 가치 있게 여기는 민주주의 사회의 인권과 관용, 양심의 자유와 같은 사상들은 종교인들의 사상 통제를 뚫고 솟아오른 계몽주의(En'light'enment)의 '빛'을 받아 비로소 발흥했다고 생각하는 경향이 있습니다.

하지만 위티는 양심과 자유, 권리에 대한 진지한 논의의 역사가 근대보다 훨씬 더 오래되었다는 것과, 개혁파 사상 역시 여기에 큰 몫을 담당했다는 것을 보여줍니다. 물론 동시에 위티는 책의 마지막 부분에서 칼빈주의의 역할과 공헌을 과장하지는 말아달라고 요청합니다. 권리와 관용, 자유의 역사의 기원에 오직 개혁파 사상만 있는 것은 아니기 때문입니다(위티, 522~527쪽). 그보다 다양한 계몽철학, 로마교회의 정치신학, 루터파와 재세례파 사회사상의 다양한 발전 과정에도 주의를 기울여야 공정한 판단이 될 수 있습니다.

◈ 토론을 위한 질문 ◈

1) 재세례파의 절대평화주의의 장점은 무엇이고, 단점은 무엇일까요?

2) 루터의 '두 왕국 사상'이 나치즘의 원인이었다는 주장은 정당할까요?

3) 개혁파의 정치신학 발전 과정에서 가장 마음에 드는 사상가는 누구이고, 이유는 무엇인가요?

Re
form
ed

나가면서

종교개혁 정치관과 적용의 원칙

　종교개혁은 16세기 서유럽이라는 역사적 시공간에서 일어난 사건입니다. 즉 그 시대, 그 사회의 상황과 배경에 철저하게 뿌리를 박은 사건이라는 말입니다. 그래서 16세기 종교개혁에 대해 공부하고 이야기할 때에는 그 당시와 그 자리의 맥락을 세밀하게 고려해야 합니다. 서론과 본문에서 자주 반복해서 이야기했듯이, 종교개혁은 분명 '종교'의 개혁이었지만, 그렇다고 단지 종교만의 개혁은 아니었습니다. 이는 종교개혁이 일어난 유럽 사회가 이미 313년 이래 정착된 약 1,200년간의 기독교세계(Christendom) 체제 안에 있었기 때문입니다. 당시 세계는 정치와 종교가 분리되지 않은 채 손을 맞잡고 거대한 기독교적인 사회를 구축하고 있었습니다. 이것이 중세입니다. 종교개혁은 중세 종교와 정치가 결탁해서 배출한 추악한 열매들은 거부했지만, 모든 열매를 다 거부하지는 않았습니다. 특히 종교개혁과 정치라는 주제가 그런 양상을 잘 보여줍니다.

종교개혁 당시 극소수에 지나지 않았던 재세례파는 기존의 교회론을 거부하고, 오직 신자들만으로 구성된 공동체만이 교회라고 주장했습니다. 그래서 이들은 로마교회의 유아세례를 거부하고, 신자들이 다시 자신의 신앙으로 재세례를 받아야 한다고 했습니다. 이런 교회론의 연장선상에서, 이들은 교회가 세상에 참여하고 정치와 손을 잡는 모든 과정을 악한 것으로 간주했습니다. 그보다 산상수훈의 절대평화주의에 근거하여 비평화, 무저항, 신앙 양심의 자유를 주창하며 군대와 세속정치를 거부했습니다. 또 어떤 사람들은 '전 신자 제사장론'에 대한 급진적인 해석에 근거하여 성직제도도 거부하는 사례가 많았습니다. 정부와 관원을 인정하지 않는 이들은 핍박의 대상이 되었고, 따라서 핍박을 감수하든지, 숨어 살든지, 양심에 따라 신앙을 선택할 수 있는 신대륙으로 이주하든지 해서 신앙의 명맥을 유지했습니다.

그러나 나머지 개신교인 대부분은 종교와 정치를 완전히 분리된 것으로 보지 않았습니다. 하나님께서 온 세상 만

물의 창조자이시자 섭리자시라는 믿음에 근거하여, 이들은 정치 영역도 하나님의 주권이 닿는 영역에 속한다고 생각했습니다. 개신교 종교개혁의 정치사상은 이런 기본적인 틀 안에서 교회와 정부가 어떤 관계를 맺어야 하느냐를 놓고 고민하고 투쟁하고 실험하고 적용하고 확정한 역사의 산물이었습니다. 이 과정에서 루터파의 정치사상, 개혁파의 정치사상, 그중에서도 칼빈과 베자, 알투지우스, 밀턴, 뉴잉글랜드 청교도, 존 애덤스 등의 정치관이 탄생했습니다. 이 모든 사상들은 성경의 원리와 그 시대의 배경에서 최선의 것을 만들어내려 했던 신실한 기독교 사상가들의 헌신의 열매입니다. 오늘날 서양의 많은 나라들은 이런 사상을 각 나라의 시대적 상황에 맞게 적용했고, 오늘날에도 변화하는 사회에 맞추어 다시 정립하고 적용하려는 노력을 쉬지 않고 있습니다.

그렇다면 16세기도 아닌 21세기에, 유럽도 아니고 미국도 아니고, 서양 선교사들이 전해준 개신교를 받아들인 지 130년밖에 되지 않은, 다시 말해 기독교적 전통이 전무하다시피 한 아시아 국가에 사는 우리 한국 개신교인은 이런 종교개혁의 정치관을 어떻게 적용할 수 있을까요? 이에 대한 답변으로 몇 가지 원리를 제시하는 것으로 이 소책자의 결론을 마무리할까 합니다.

첫째, 정치는 매우 복잡하고 다면적이고 상황적이라는 사실을 염두에 두어야 합니다. 특정 시대, 특정 사회에서 등장한 정치원리를 오늘날 우리의 사회에 그대로 적용하는 것은 사실상 불가능합니다. 이미 살펴보았듯이, 제국의 중심지였던 독일에서 종교개혁을 일으킨 루터의 원리와, 같은 시기 제국의 변방이자 반제국주의 정신으로 가득했던 스위스에서 일어난 종교개혁에서 발전된 정치이론 사이에는 상당히 다른 점이 있다는 것을 생각해봅시다. 철저하게 성경을 하나님의 말씀으로 믿는 개신교 신자들 사이에서도, 그 성경을 해석해서 나온 정치에 대한 견해가 극단적으로 달랐다는 겁니다.

성경은 정치학 교과서가 아니기에 그 어떤 정치관도 성경과 정확하게 일치하지는 않습니다. 뿐만 아니라 특정 시대에 특정한 문화와 사회의 산물인 그 정치는 그 당시 그들을 위한 정치였지, 오늘날 우리를 위한 정치는 아닙니다. 이 점에서 칼빈 시대 제네바의 정치를 오늘날 우리에게 적용해야 한다는 일부 칼빈주의자들의 주장은 바람직하지 않습니다.

둘째, 이런 다면성과 상황의 제한성에도 불구하고, 모든 시대에 보편적인 기독교적 정치의 원리는 존재합니다. 개혁파 정치이론가들이 공통으로 동의한 원리들이 바로 그것입니다. 이들 역시 특정 상황의 유산인 것은 부인할 수 없습니다. 그러나 이들이 오랫동안 처절한 고민과 실험을 통해 다양한 상황의 차이를 뛰어넘는 보편적이고 성경적인 원리를 제시하려고 노력한 것을 인정하고, 그들의 유산을 우리의 것으로 겸허히 수용할 필요가 있습니다. 물론 우리의 상황에 맞는 적용이 따라야 합니다.

이런 두 가지 큰 원칙을 염두에 둔다면, 아마도 장로교인을 포함해 전 시대의 종교개혁 전통에 속한 신자들 대부분에게 보편적으로 수용될 수 있는 기준이 될 만한 해설로는 『웨스트민스터신앙고백서』(1647)의 정치관련 항목만 한 것이 없을 듯합니다. 이 신앙고백서에서 정치 주제를 다루는 항목은 제23장입니다. 총 4개 항목으로 되어 있는 이 문서의 전문을 싣는 것으로 이 책의 결론을 대신하고자 합니다. 이 신앙고백서가 요약한 내용이 지금까지 이 책에서 다룬 주요 개신교 정치사상가들의 합의된 공통요소를 잘 대변하고 있다고 생각되기 때문입니다.

『웨스트민스터신앙고백서』 제23장 '위정자에 대하여'

1. 온 세상의 최고의 주시요, 왕이신 하나님께서는 그분

아래서 백성들을 다스리도록, 하나님 자신의 영광을 위하여, 공공의 선을 행하도록 위정자를 세우셨다. 그리고 이 목적을 위하여, 선한 자들을 보호하고 격려하도록, 악행하는 자들을 처벌하도록 그들에게 칼의 권세를 부여하셨다.

2. 그리스도인이 국가 공직에 부름을 받아 그것을 수락하고 수행하는 것은 합법적이다. 그 일을 처리하면서, 그들은 각국의 건전한 법률에 따라 경건과 공의와 평화를 유지해야 할 의무가 있다. 이 목적을 위하여, 현재 신약 아래서, 그들은 정당하고 필요한 경우에 합법적으로 전쟁을 수행할 수 있다.

3. 위정자는 말씀과 성례의 집행, 또는 천국 열쇠의 권세를 스스로 자기 것으로 삼아서는 안 된다. 그러나 교회 안에서 연합과 화평을 보존하고, 하나님의 진리를 순결하고 완전하게 지키고, 모든 신성모독과 이단을 억제하고, 예배와 수양의 모든 부패와 악습을 금지하고 개혁하며, 하나님의 모든 성직이 정식으로 자리잡고, 실시되고, 집행되도록 적당한 수단을 취하는 것은 그들의 권한이며, 의무이다. 더 나은 결과를 위하여 위정자는 종교회의를 소집하고, 거기에 참석하고, 거기에서 협의되는 것이 하나님의 생각을 따라

되도록 조치할 수 있는 권한을 갖는다.*

4. 위정자들을 위하여 기도하고, 그들의 인격을 존중하고, 공물과 기타 세금을 지불하고, 그들의 합법적 명령에 순종하고, 양심을 위하여 그들의 권위에 복종하는 것은 백성의 의무이다. 불신앙이나 종교의 차이가 있어도 위정자의 정당한 합법적 권위는 헛되지 않으며, 백성은 그들에게 마땅히 순종해야 한다. 교직자들도 이러한 의무들로부터 면제되지 않는다. 하물며 교황은 그들의 통치 영역에서 그들을 다스리거나, 그들의 백성을 다스리거나, 무엇보다도 그들을 이교도라고 판정하여 또는 다른 어떤 구실로 그들에게서 통치권이나 생명을 빼앗을 만한 어떠한 권세와 지배권도 갖지 않는다.

---

* 1788년에 미국장로교회(PCUSA)는 왕정을 유지하고 국교 체제가 유지되던 영국 기독교 배경에서 작성된 이 조항을 정교분리와 신앙 선택의 자유가 헌법 조문에 포함된 미국 상황에 맞게 아래와 같이 수정했다. 유럽보다는 미국과 종교 환경이 더 유사한 한국에서는 미국 장로교회의 수정안 내용이 더 적용하기 쉬울 것이다.

"위정자는 말씀과 성례의 집행, 또는 천국 열쇠의 권세를 스스로 자기 것으로 삼아서는 안 되며, 조금이라도 신앙의 문제에 간섭해서는 안된다. 그러나 양육하는 아버지와 같이 그리스도인들의 어느 한 교파를 다른 교파보다 우대하지 않고, 같은 주의 교회를 보호하는 것은 그들의 의무이다. 또 그들은 모든 교직자들이 폭력이나 위험의 염려 없이 모든 성직을 이행할 수 있도록 충분하고 확실한 자유를 보장하고 보호해야 한다. 그리고 예수 그리스도께서 그의 교회 안에 정규적인 정치와 권징을 정하셨으므로, 그리스도인들이 자기 교파에 자발적으로 회원이 되어 자신들의 고백과 신념에 따라 그것을 정당하게 행사하려 할 때, 국가의 어떤 법률이라도 간섭하거나 강요하거나 방해해서는 안 된다. 아무도 종교나 불신앙의 이유로 모욕이나 고문, 학대나 상해를 당하여 고생하는 일이 없도록 선량한 시민의 인권과 명예를 보호할 의무가 그들에게 있다. 또 모든 종교적, 교회적 집회가 방해와 교란 없이 개최될 수 있도록 질서를 유지하는 것이 그들의 의무이다."

참고문헌

김재윤 지음, 『개혁주의 문화관: 교회중심으로 본 카이퍼, 스킬더, 제3의 길』, SFC 출판부, 2015.

마크 A. 놀·캐롤린 나이스트롬 지음, 이재근 옮김, 『종교개혁은 끝났는가: 현대 로마 가톨릭 신앙에 대한 복음주의의 평가』, CLC, 2012.

리처드 니버 지음, 홍병룡 옮김, 『그리스도와 문화』, IVP, 2007.

마이클 리브스 지음, 박규태 옮김, 『꺼지지 않는 불길』, 복 있는 사람, 2015.

앨리스터 맥그라스 지음, 박종숙 옮김, 『종교개혁 사상입문』, 성광문화사, 1992.

앨리스터 맥그라스 지음, 박규태 옮김, 『기독교, 그 위험한 사상의 역사』, 국제제자훈련원, 2009.

존 T. 맥닐 지음, 정성구·양낙흥 옮김, 『칼빈주의 역사와 성격』, 크리스챤 다이제스트, 1990.

롤란드 베인튼 지음, 홍치모·이훈영 옮김, 『16세기 종교개혁』, 크리스챤 다이제스트, 1993.

존 위티 주니어 지음, 정두메 옮김, 『권리와 자유의 역사: 칼빈에서 애덤스까지 인권과 종교 자유를 향한 진보』, IVP, 2015.

벤자민 J. 카플란 지음, 김응종 옮김, 『유럽은 어떻게 관용사회가 되었나: 근대 유럽의 종교 갈등과 관용 실천』, 푸른역사, 2015.

존 칼빈 지음, 원광연 옮김, 『기독교 강요 상, 최종판』, 크리스챤 다이제스트, 2004.

존 칼빈 지음, 원광연 옮김, 『기독교 강요 하, 최종판』, 크리스챤 다이제스트, 2004.

황희상 지음, 『특강 소요리문답』, 흑곰북스, 2012.